3000
西班牙语
单词分类速记超图解

佟新 编著

中国纺织出版社有限公司

图书在版编目（CIP）数据

3000西班牙语单词分类速记超图解 / 佟新编著. --
北京：中国纺织出版社有限公司，2023.7
ISBN 978-7-5229-0588-4

Ⅰ.①3⋯　Ⅱ.①佟⋯　Ⅲ.①西班牙语－词汇－记忆
术－自学参考资料　Ⅳ.①H343

中国国家版本馆 CIP 数据核字（2023）第 083075 号

责任编辑：房丽娜　　责任校对：高　涵　　责任印制：储志伟

中国纺织出版社有限公司出版发行
地址：北京市朝阳区百子湾东里 A407 号楼　邮政编码：100124
销售电话：010—67004422　传真：010—87155801
http://www.c-textilep.com
中国纺织出版社天猫旗舰店
官方微博 http://weibo.com/2119887771
三河市延风印装有限公司印刷　各地新华书店经销
2023年7月第1版第1次印刷
开本：880×1230　1/32　印张：8.25
字数：200千字　定价：39.80元

　　要想学好西班牙语，好的学习方法是至关重要的。用对技巧，背一个西班牙语单词，就相当于记住了一群单词。我们把难易程度不等的词混排，用插图来帮助记忆。本书每个组群中的单词都配有插图，可以说是把思维导图学习法和图像记忆法综合起来。

　　本书的目的在于让西班牙语学习者在短时间内快速掌握单词。相信在学习本书之后，大家一定可以在词汇方面实现质与量的飞跃。希望各位西班牙语学习者在看完这本书之后能够收获满满！

编著者

2023 年 2 月

目录

01

地
貌

planicie 名词 平原

aldea

名词 村庄

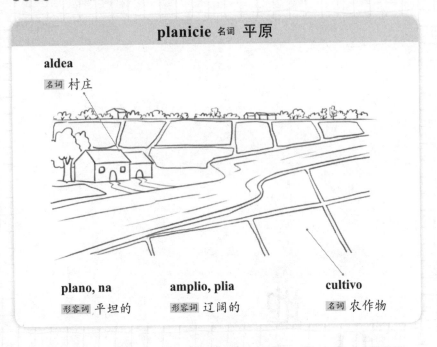

plano, na

形容词 平坦的

amplio, plia

形容词 辽阔的

cultivo

名词 农作物

pradera 名词 草原

cielo azul

词组 蓝天

caballo

名词 马

oveja

名词 母绵羊

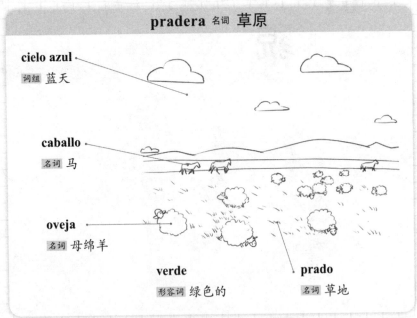

verde

形容词 绿色的

prado

名词 草地

montaña 名词 山

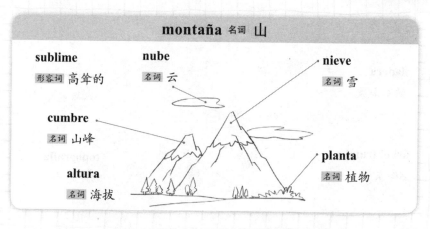

sublime
形容词 高耸的

nube
名词 云

nieve
名词 雪

cumbre
名词 山峰

altura
名词 海拔

planta
名词 植物

Monte Everest 名词 珠穆朗玛峰

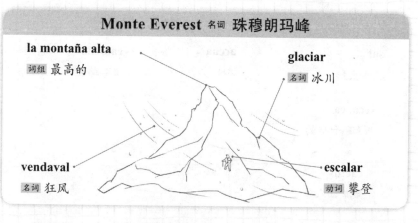

la montaña alta
词组 最高的

glaciar
名词 冰川

vendaval
名词 狂风

escalar
动词 攀登

continente 名词 大陆

altiplanicie
名词 高原

Tierra
名词 陆地

altura
名词 海拔

hipoxia
名词 缺氧

cuenca
名词 盆地

bajo, ja
形容词 低洼的

colina 名词 丘陵

ladera
名词 山坡

árbol frutal
词组 果树

escabroso, sa
形容词 崎岖的

topografía
名词 地形

desierto 名词 沙漠

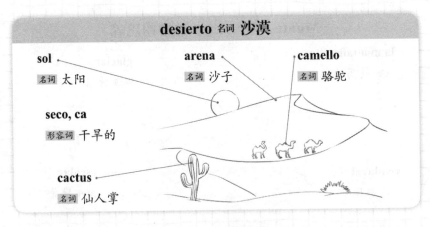

sol
名词 太阳

arena
名词 沙子

camello
名词 骆驼

seco, ca
形容词 干旱的

cactus
名词 仙人掌

costa 名词 海岸

sombrilla
名词 遮阳伞

cálido, da
形容词 炎热的

coco
名词 椰树

vacación
名词 假期

playa
名词 海滩

bahía 名词 海湾

marea
名词 潮汐

en forma de U
词组 U 形的

barco
名词 船

costa
名词 海边

fondeo
名词 停泊

plataforma continental 词组 大陆架

extender
动词 延伸

litoral
形容词 海岸的

nivel del mar
词组 海平面

petróleo
名词 石油

continente
名词 大陆

océano 名词 海洋

ola
名词 浪花

buque de carga
词组 货船

isla
名词 岛

azul
形容词 蓝色的

oleaje
名词 海浪

fondo del mar 词组 海底

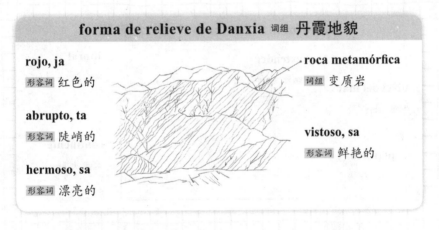

buceo
名词 潜水

coral
名词 珊瑚

misterioso, sa
形容词 神秘的

pradera marina
词组 海草

estrella de mar
词组 海星

forma de relieve de Danxia 词组 丹霞地貌

rojo, ja
形容词 红色的

abrupto, ta
形容词 陡峭的

hermoso, sa
形容词 漂亮的

roca metamórfica
词组 变质岩

vistoso, sa
形容词 鲜艳的

forma de relieve de Yadan 词组 雅丹地貌

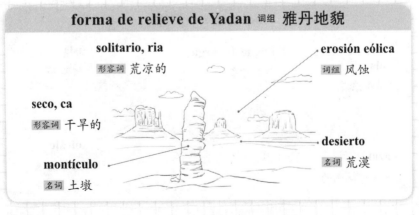

solitario, ria
形容词 荒凉的

seco, ca
形容词 干旱的

montículo
名词 土墩

erosión eólica
词组 风蚀

desierto
名词 荒漠

relieve kárstico 词组 喀斯特地貌

agua de escorrentía
词组 径流

desnudo, da
形容词 裸露的

erosión hídrica
词组 溶蚀

cueva kárstica
词组 溶洞

caliza
名词 石灰岩

paisaje de Loess 词组 黄土地貌

quebrada
名词 沟壑

seco, ca
形容词 干的

Río Amarillo
词组 黄河

erosión
名词 侵蚀

Meseta de Loess
词组 黄土高原

cuesta 名词 山坡

vaca
名词 母牛

molino de viento
词组 风车

senda
名词 小路

flor
名词 花

hierba
名词 草

precipicio 名词 悬崖

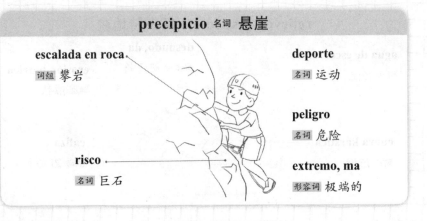

escalada en roca
词组 攀岩

risco
名词 巨石

deporte
名词 运动

peligro
名词 危险

extremo, ma
形容词 极端的

cueva 名词 岩洞

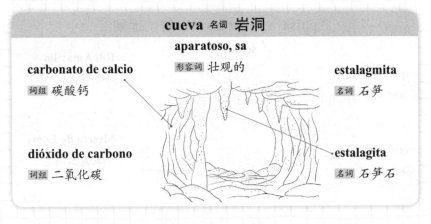

aparatoso, sa
形容词 壮观的

carbonato de calcio
词组 碳酸钙

dióxido de carbono
词组 二氧化碳

estalagmita
名词 石笋

estalagita
名词 石笋石

meteorización 名词 风化

destruir
动词 破坏

arenisca
名词 砂岩

biología
名词 生物

química
名词 化学

física
名词 物理

cañón 名词 峡谷

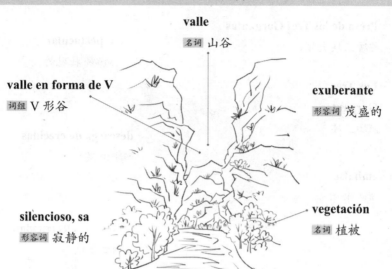

valle
名词 山谷

valle en forma de V
词组 V形谷

exuberante
形容词 茂盛的

silencioso, sa
形容词 寂静的

vegetación
名词 植被

desierto de Gobi 词组 戈壁

soledad
名词 荒山僻野

tormenta de arena
词组 沙尘暴

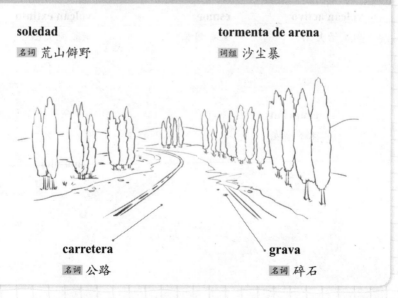

carretera
名词 公路

grava
名词 碎石

represa 名词 堤坝

Presa de las Tres Gargantas
词组 三峡大坝

espectacular
形容词 壮观的

Las Tres Gargantas
词组 三峡

descarga de crecidas
词组 泄洪

embalse
名词 水库

generar electricidad
词组 发电

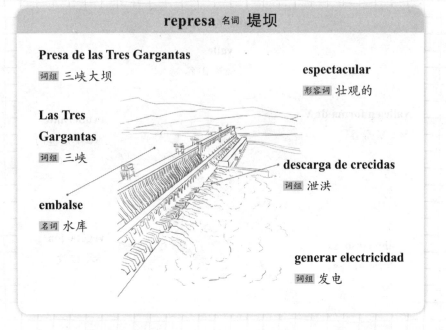

volcán 名词 火山

volcán activo
词组 活火山

esmog
名词 烟雾

volcán extinto
词组 死火山

erupción
名词 喷发

magma
名词 岩浆

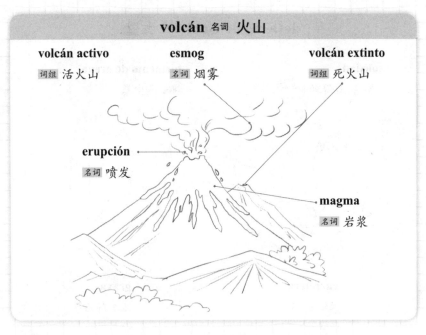

bancal 名词 梯田

ordenado,da
形容词 整齐的

tierra de cultivo
词组 耕地

plantar
动词 种植

té
名词 茶叶

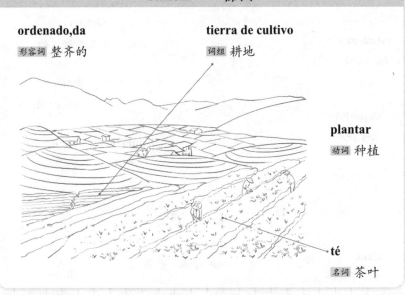

pantano 名词 沼泽

garza
名词 草鹭

húmedo, da
形容词 潮湿的

humedal
名词 湿地

musgo
名词 苔藓

carrizo
名词 芦苇

delta 名词 三角洲

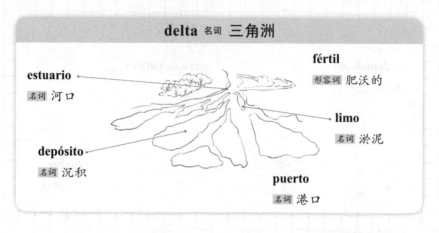

estuario
名词 河口

fértil
形容词 肥沃的

limo
名词 淤泥

depósito
名词 沉积

puerto
名词 港口

lago 名词 湖泊

cisne
名词 天鹅

bote
名词 小船 / 小舟

boga
名词 划船

paisaje
名词 风景

picnic
名词 野餐

río 名词 河流

puente
名词 桥

afluente
名词 支流

fluir
动词 流动

piedra
名词 石头

cauce
名词 河床

建
02
筑

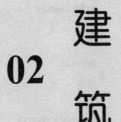

oficina de correos 词组 邮局

estampilla
名词 邮票

sobre
名词 信封

paquete
名词 包裹

cartero, ra
名词 邮递员

buzón
名词 邮箱

librería 名词 书店

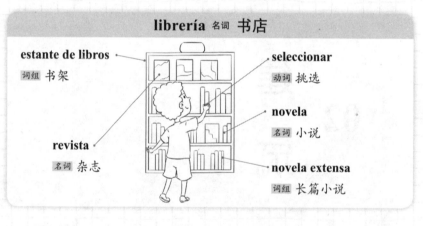

estante de libros
词组 书架

revista
名词 杂志

seleccionar
动词 挑选

novela
名词 小说

novela extensa
词组 长篇小说

museo 名词 博物馆

pintura al óleo
词组 油画

florero
名词 花瓶

visitante
名词 参观者

antigualla
名词 古董

exhibición
名词 陈列

templo 名词 寺庙

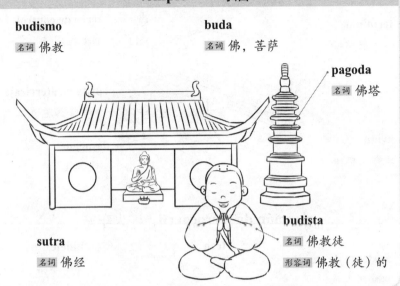

budismo
名词 佛教

buda
名词 佛，菩萨

pagoda
名词 佛塔

budista
名词 佛教徒
形容词 佛教（徒）的

sutra
名词 佛经

iglesia 名词 教堂

cruz
名词 十字架

cristiano, na
名词 基督教信徒

pastor, ra
名词 牧师

Biblia
名词 圣经

religión
名词 宗教

aeropuerto 名词 飞机场

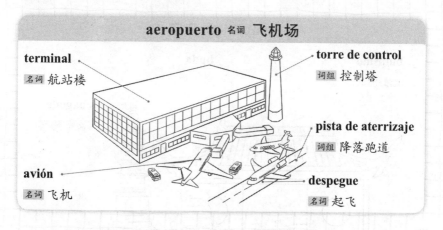

terminal
名词 航站楼

torre de control
词组 控制塔

pista de aterrizaje
词组 降落跑道

avión
名词 飞机

despegue
名词 起飞

estación de ferrocarril 词组 火车站

tren
名词 火车

billete
名词 车票

asistente de tren
词组 列车员

ferrocarril
名词 铁路

andén
名词 站台

estación de autobús 词组 汽车站

taquilla
名词 售票处

pasajero, ra
名词 乘客

entrada
名词 入口

sala de espera
词组 候车室

equipaje
名词 行李

hospital 名词 医院

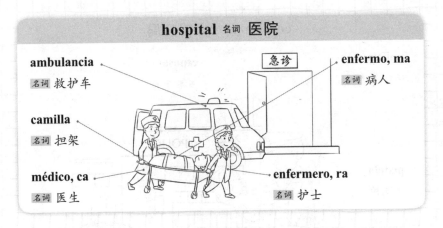

ambulancia
名词 救护车

camilla
名词 担架

médico, ca
名词 医生

急诊

enfermo, ma
名词 病人

enfermero, ra
名词 护士

banco 名词 银行

cajero automático
词组 自动取款机

tarjeta bancaria
词组 银行卡

mostrador
名词 柜台

depósito
名词 存款

efectivo
名词 现金

escuela 名词 学校

autobús escolar
词组 校车

patio de recreo
词组 操场

edificio docente
词组 教学楼

profesor, ra
名词 老师

estudiante
名词 学生

comisaría 名词 警察局

policía
名词 警察

esposas
名词 手铐

pistola
名词 枪

preso, sa
名词 犯人

vehículo policial
词组 警车

biblioteca 名词 图书馆

leer
动词 阅读

libro
名词 书

bibliotecario, ria
名词 图书管理员

tranquilo, la
形容词 安静的

pedir prestado
词组 借

estación de bomberos 词组 消防站

escalera de bomberos
词组 消防梯

ropa de protección
词组 防护服

camión de bomberos
词组 消防车

bombero, ra
名词 消防员

supermercado 名词 超市

verdura
名词 蔬菜

leche
名词 牛奶

carne
名词 肉类

carro pequeño
词组 小推车

fruta
名词 水果

cine 名词 电影院

butaca
名词 座位

gafas 3D
词组 3D眼镜

pantalla
名词 银幕

bebida
名词 饮料

palomitas de maíz
词组 爆米花

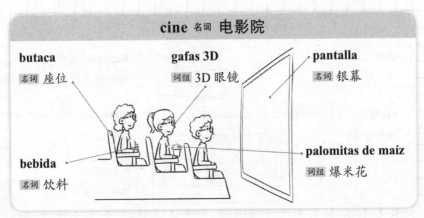

puente 名词 桥

cubierta de puente

词组 桥面

barandilla

名词 栏杆

vehículo

名词 车辆

pilar de unpuente

词组 桥墩

arroyo

名词 小溪

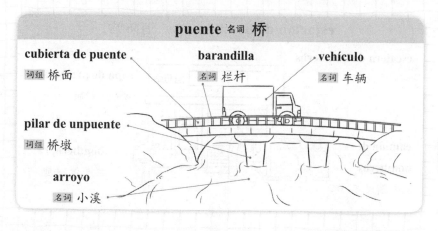

túnel 名词 隧道

puente en arco

词组 拱桥

cruzar

动词 穿过

carretera

名词 公路

letrero

名词 指示牌

隧道入口
小心驾驶

60

luz de calle

词组 路灯

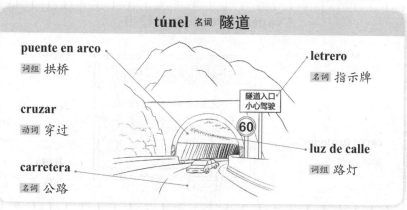

panadería 名词 面包店

pan

名词 面包

tarta

名词 蛋糕

baguette

名词 法式长棍面包

bizcocho

名词 饼干

cruasán

名词 牛角面包

estadio 名词 体育场

al aire libre
词组 户外

deportista
名词 运动员

pista
名词 跑道

tribuna
名词 观众台

campo de fútbol
词组 足球场

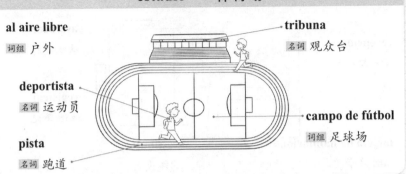

gimnasio 名词 健身房

barra(pesas)
名词 杠铃

rueda de andar
词组 跑步机

ejercicio físico
词组 健身

músculo
名词 肌肉

entrenador, ra
名词 教练

restaurante 名词 餐馆

vino
名词 酒 / 葡萄酒

ensalada
名词 沙拉

filete de ternera
词组 牛排

camarero, ra
名词 服务员

carta
名词 菜单

hotel 名词 酒店

recepción
名词 接待厅

ascensor
名词 电梯

registrar
名词 登记

tarjeta de habitación
词组 房卡

vestíbulo
名词 大厅

parque 名词 公园

montículo artificial de rocas
词组 假山

sauce
名词 柳树

bogar
动词 划船

lago
名词 湖

banco
名词 长椅

parque de atracciones 词组 游乐园

montaña rusa
词组 过山车

noria
名词 摩天轮

columpio
名词 秋千

alegre
形容词 令人高兴的

tiovivo
名词 旋转木马

fábrica 名词 工厂

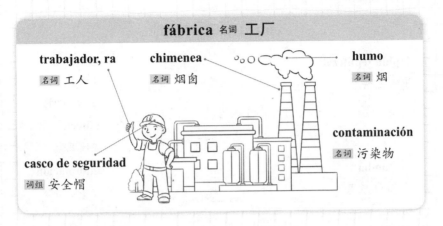

trabajador, ra
名词 工人

chimenea
名词 烟囱

humo
名词 烟

contaminación
名词 污染物

casco de seguridad
词组 安全帽

represa 名词 水坝

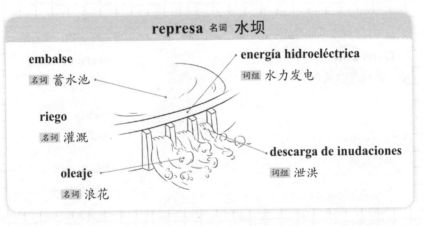

embalse
名词 蓄水池

energía hidroeléctrica
词组 水力发电

riego
名词 灌溉

descarga de inudaciones
词组 泄洪

oleaje
名词 浪花

Ciudad Prohibida 词组 紫禁城

ático
名词 阁楼

placa
名词 纪念牌，牌匾

puerta de ciudad
词组 城门

emperador
名词 皇帝

muralla
名词 城墙

real
形容词 皇家的

cementerio 名词 墓地

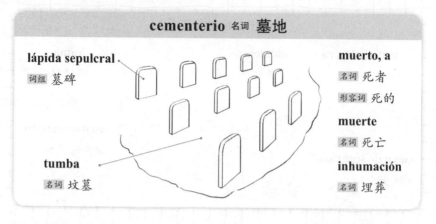

lápida sepulcral
词组 墓碑

tumba
名词 坟墓

muerto, a
名词 死者
形容词 死的

muerte
名词 死亡

inhumación
名词 埋葬

torre 名词 塔

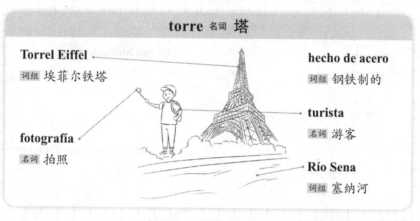

Torrel Eiffel
词组 埃菲尔铁塔

fotografía
名词 拍照

hecho de acero
词组 钢铁制的

turista
名词 游客

Río Sena
词组 塞纳河

vivienda de cueva 词组 窑洞

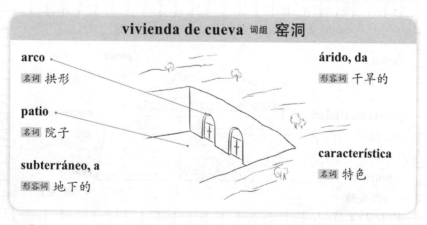

arco
名词 拱形

patio
名词 院子

subterráneo, a
形容词 地下的

árido, da
形容词 干旱的

característica
名词 特色

Yurta 名词 蒙古包

interminable
形容词 一望无际的

correr
动词 奔跑

oveja
名词 绵羊

pastor, ra
名词 牧民

perro pastor
词组 牧羊犬

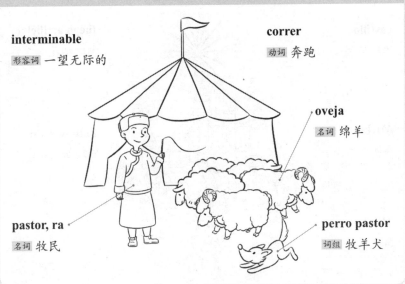

La Gran Muralla 词组 长城

Atalaya
名词 瞭望塔，
烽火台

Cadalso
名词 敌楼

China
名词 中国

defensa
名词 防御

roca
名词 岩石

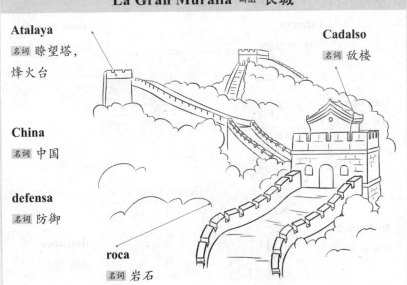

25

Disneylandia 名词 迪士尼乐园

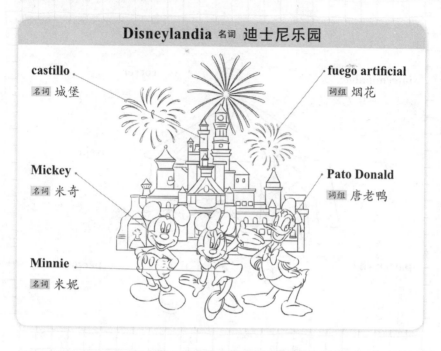

castillo
名词 城堡

fuego artificial
词组 烟花

Mickey
名词 米奇

Pato Donald
词组 唐老鸭

Minnie
名词 米妮

cafetería 名词 咖啡馆

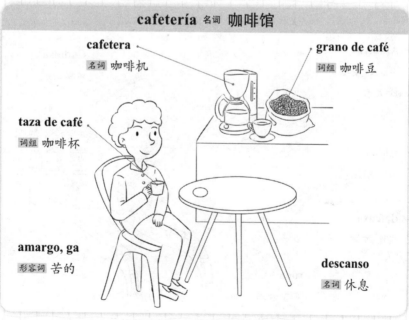

cafetera
名词 咖啡机

grano de café
词组 咖啡豆

taza de café
词组 咖啡杯

amargo, ga
形容词 苦的

descanso
名词 休息

03 社区

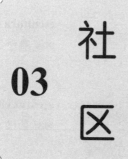

residente 名词 居民

foto
名词 照片

nombre
名词 姓名

dirección
名词 住址

Documento de identidad
词组 身份证

etnia
名词 种族

plaza 名词 广场

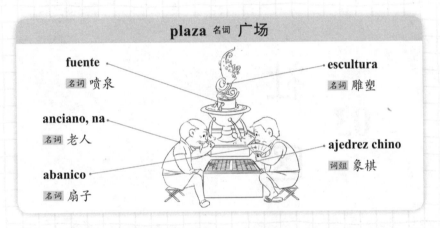

fuente
名词 喷泉

anciano, na
名词 老人

abanico
名词 扇子

escultura
名词 雕塑

ajedrez chino
词组 象棋

manzana 名词 街区

bulevar
名词 大道

calle
名词 街道

casa
名词 房子

tienda
名词 商店

animado, da
形容词 热闹的

campo 名词 乡间，农村

granero
名词 粮仓

campo
名词 田野

molino de viento
词组 风车

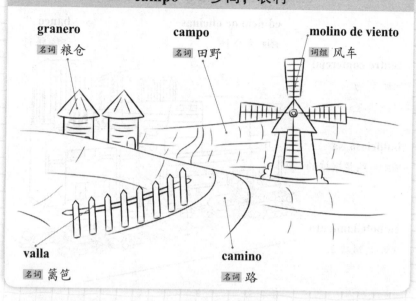

valla
名词 篱笆

camino
名词 路

villa 名词 别墅

garaje
名词 车库

pabellón
名词 亭子

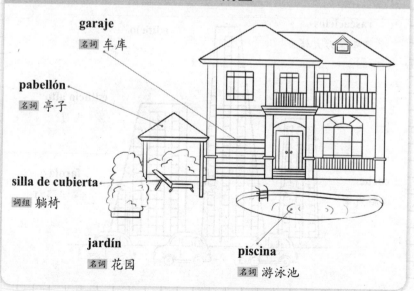

silla de cubierta
词组 躺椅

jardín
名词 花园

piscina
名词 游泳池

centro de ciudad 词组 市中心区

edificio de oficinas
词组 办公楼

banco
名词 银行

centro comercial
词组 商场

bullicioso, sa
形容词 熙熙攘攘的

embotellamiento
名词 交通堵塞

BANK

ciudad 名词 城市

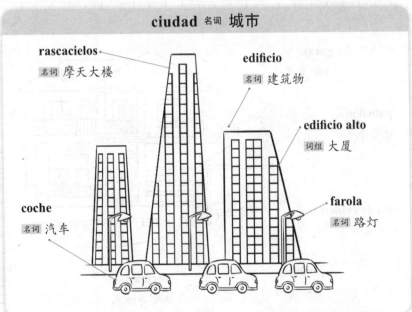

rascacielos
名词 摩天大楼

edificio
名词 建筑物

edificio alto
词组 大厦

coche
名词 汽车

farola
名词 路灯

afueras 名词 市郊，郊区

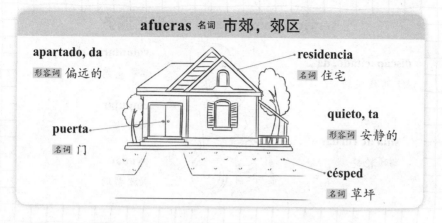

apartado, da
形容词 偏远的

residencia
名词 住宅

quieto, ta
形容词 安静的

puerta
名词 门

césped
名词 草坪

campo 名词 农村

casa
名词 房子

campesino
名词 农民

perro, rra
名词 狗

callejón
名词 小巷

cultivo
名词 庄稼

elección 名词 选举

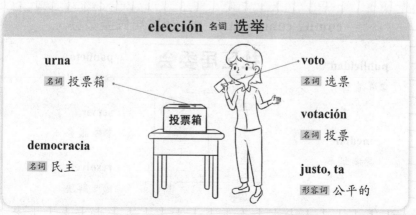

urna
名词 投票箱

voto
名词 选票

votación
名词 投票

democracia
名词 民主

justo, ta
形容词 公平的

servicio comunitario 词组 社区服务

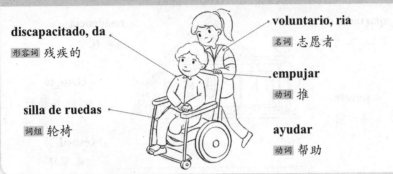

discapacitado, da
形容词 残疾的

silla de ruedas
词组 轮椅

voluntario, ria
名词 志愿者

empujar
动词 推

ayudar
动词 帮助

actividad comunitaria 词组 社区活动

cantar
动词 唱歌

escenario
名词 舞台

público
名词 观众

recreo
名词 娱乐

micrófono
名词 话筒

comité comunitario 词组 社区居民委员会

社区居委会

publicidad
名词 宣传

mediar
动词 调解

panfleto
名词 传单

servir
动词 服务

resolver
动词 解决

empresa de administración de edificios y condominios 词组 物业公司

limpiador, ra
名词 清洁工

limpiar
动词 打扫

basura
名词 垃圾

gasto de administración
词组 物业费

personal de seguridad
词组 保安

casa 名词 房子

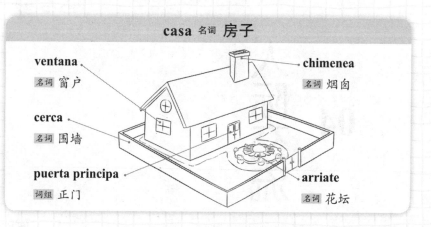

ventana
名词 窗户

cerca
名词 围墙

puerta principa
词组 正门

chimenea
名词 烟囱

arriate
名词 花坛

apartamento 名词 公寓

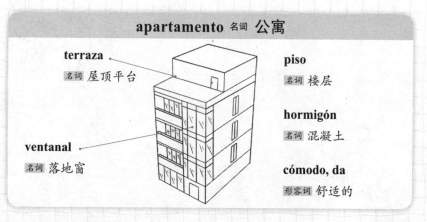

terraza
名词 屋顶平台

ventanal
名词 落地窗

piso
名词 楼层

hormigón
名词 混凝土

cómodo, da
形容词 舒适的

04

人际交流

saludar 动词 打招呼

hola
感叹词 你好

encontrar
动词 遇见

amigable
形容词 友好的

educado, da
形容词 礼貌的

conocido, da
名词 熟人

agradecer 动词 感谢

dar las manos
词组 握手

agachar
动词 弯（腰）

agradecido, da
形容词 感激的

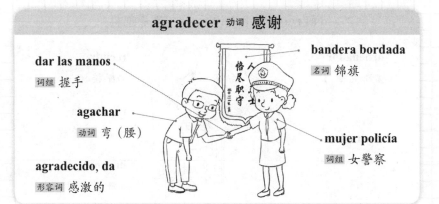

bandera bordada
名词 锦旗

mujer policía
词组 女警察

comunicarse 动词 交流

reunión
名词 会议

idea
名词 想法

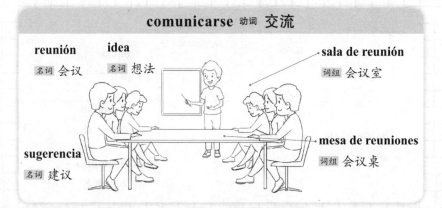

sala de reunión
词组 会议室

sugerencia
名词 建议

mesa de reuniones
词组 会议桌

llamar 动词 呼叫

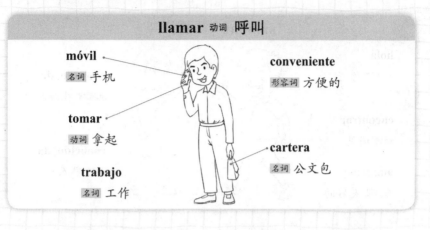

móvil
名词 手机

tomar
动词 拿起

trabajo
名词 工作

conveniente
形容词 方便的

cartera
名词 公文包

correo electrónico 词组 电子邮件

ordenador
名词 电脑

invitación
名词 邀请函

recibir
动词 接收

rápido, da
形容词 快速的

internet
名词 互联网

carta 名词 信

sobre
名词 信封

destinatario, ria
名词 收件人

enviar
动词 邮寄

dirección
名词 地址

estampilla
名词 邮票

lenguaje de señas 词组 手语

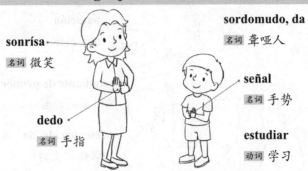

sonrísa
名词 微笑

dedo
名词 手指

sordomudo, da
名词 聋哑人

señal
名词 手势

estudiar
动词 学习

charlar 动词 聊天

reír
动词 笑

cara a cara
词组 面对面

relajado, da
形容词 轻松的

alegre
形容词 愉快的

café
名词 咖啡

presentar 动词 介绍

nuevo, va
形容词 新的

oficina
名词 办公室

aplaudir
动词 拍手

bienvenida
名词 欢迎

colega
名词 同事

autopresentación 名词 自我介绍

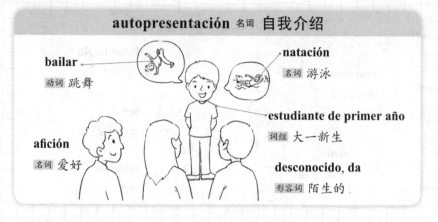

bailar
动词 跳舞

natación
名词 游泳

estudiante de primer año
词组 大一新生

desconocido, da
形容词 陌生的

afición
名词 爱好

fiesta 名词 聚会

cumpleaños
名词 生日

tarta
名词 蛋糕

vela
名词 蜡烛

globo
名词 气球

regalo
名词 礼物

pedir perdón 词组 道歉

llorar
动词 哭

perdón
感叹词 对不起

enfadarse
动词 发怒

flor
名词 花

lágrima
名词 眼泪

ayudar 动词 帮助

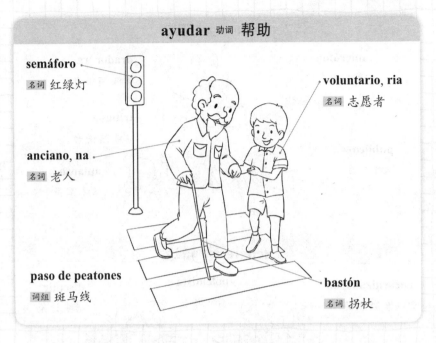

semáforo
名词 红绿灯

voluntario, ria
名词 志愿者

anciano, na
名词 老人

paso de peatones
词组 斑马线

bastón
名词 拐杖

criticar 动词 批评

ventana
名词 窗户

madre
名词 母亲

romper
动词 打破

error
名词 错误

triste
形容词 难过的

discurso 名词 演讲

micrófono
名词 麦克风

orador, ra
名词 演讲者

tribuna
名词 演讲台

público
名词 听众

aplauso
名词 掌声

debate 名词 辩论

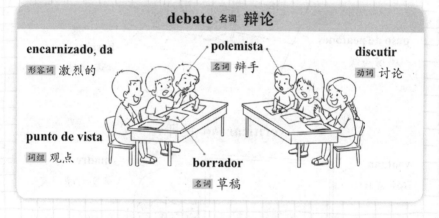

encarnizado, da
形容词 激烈的

polemista
名词 辩手

discutir
动词 讨论

punto de vista
词组 观点

borrador
名词 草稿

ceremonia 名词 典礼，仪式

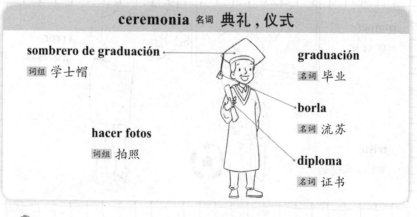

sombrero de graduación
词组 学士帽

graduación
名词 毕业

borla
名词 流苏

hacer fotos
词组 拍照

diploma
名词 证书

农

05

场

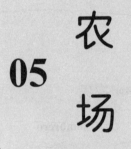

granja 名词 农场

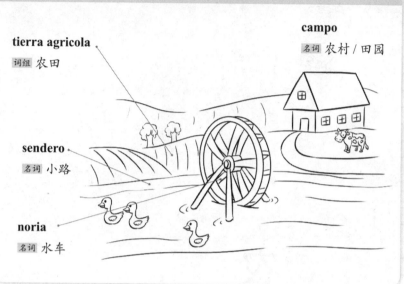

tierra agricola
词组 农田

campo
名词 农村/田园

sendero
名词 小路

noria
名词 水车

campesino, na 名词 农民

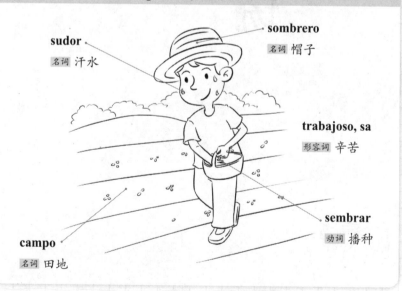

sudor
名词 汗水

sombrero
名词 帽子

trabajoso, sa
形容词 辛苦

sembrar
动词 播种

campo
名词 田地

alimento básico 词组 主食

raspa
名词 麦芒

grano
名词 谷物

pasta alimenticia
词组 面食

patata
名词 马铃薯

arroz cocido
词组 米饭

alimentar 动词 饲养

porquerizo
名词 饲养员

ganado
名词 家畜

domesticación
名词 驯养

pienso
名词 饲料

ave de corral
词组 家禽

vaca lechera 词组 奶牛

lechero, ra
名词 挤奶工

leche en polvo
词组 奶粉

ordeñar
动词 挤奶

queso
名词 奶酪

leche
名词 牛奶

gallina 名词 母鸡

poner huevos
词组 下蛋

huevo
名词 鸡蛋

polluelo
名词 小鸡

gallinero
名词 鸡舍

pluma
名词 羽毛

gallo 名词 公鸡

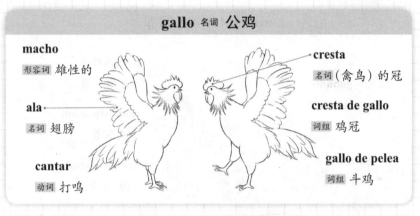

macho
形容词 雄性的

ala
名词 翅膀

cantar
动词 打鸣

cresta
名词 (禽鸟) 的冠

cresta de gallo
词组 鸡冠

gallo de pelea
词组 斗鸡

cerdo 名词 猪

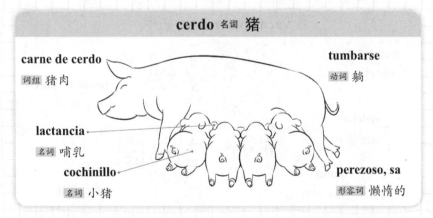

carne de cerdo
词组 猪肉

lactancia
名词 哺乳

cochinillo
名词 小猪

tumbarse
动词 躺

perezoso, sa
形容词 懒惰的

paloma 名词 鸽子

paz
名词 和平

volar
动词 飞

garra
名词 爪

pico
名词 喙

rama de olivo
词组 橄榄枝

perro, rra 名词 狗

moteado, da
形容词 有斑点的

ladrar
动词 狗叫

lengua
名词 舌头

perrera
名词 狗窝

hueso
名词 骨头

oveja 名词 绵羊

cuerno
名词 角

pasto
名词 牧草

lana
名词 羊毛

hierba
名词 草

cordero, ra
名词 小羊羔

alquería 名词 农舍

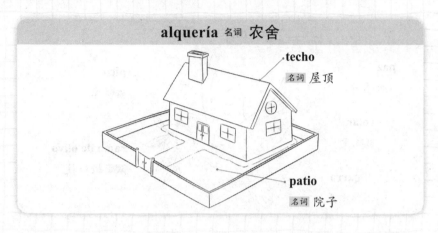

techo
名词 屋顶

patio
名词 院子

burro 名词 驴

curbir los ojos
词组 蒙眼睛

oreja larga
词组 长耳朵

triturar
动词 磨

molino
名词 磨坊

girar
动词 转动

pozo 名词 水井

tabla de lavar
词组 搓衣板

barreño
名词 盆

cubo
名词 水桶

detergente
名词 洗衣粉

lavar la ropa
词组 洗衣服

cultivo 名词 农作物

arroz
名词 大米

mijo
名词 小米

maní
名词 花生

soja
名词 大豆

maíz
名词 玉米

valla 名词 栅栏

criar
动词 饲养

proteger
动词 保护

pato, ta
名词 鸭子

seguridad
名词 安全

detener
动词 阻挡

heno 名词 干草

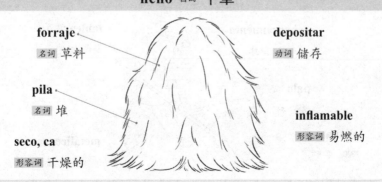

forraje
名词 草料

depositar
动词 储存

pila
名词 堆

seco, ca
形容词 干燥的

inflamable
形容词 易燃的

azada 名词 锄头

agudo, da
形容词 锋利的

aplastar
动词 打碎

suelo
名词 土地

maleza
名词 杂草

desherbar
动词 除草

plantar 动词 种植

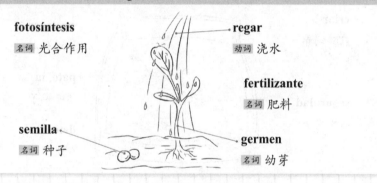

fotosíntesis
名词 光合作用

semilla
名词 种子

regar
动词 浇水

fertilizante
名词 肥料

germen
名词 幼芽

rastrillo 名词 耙

herramienta
名词 工具

palo
名词 杆

allanar
动词 平整

tablear
动词 耙地

metálico, ca
形容词 金属制的

pala 名词 铁锹

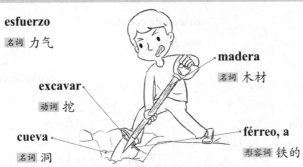

esfuerzo
名词 力气

madera
名词 木材

excavar
动词 挖

cueva
名词 洞

férreo, a
形容词 铁的

tractor 名词 拖拉机

gas de escape
词组 废气

volante
名词 方向盘

arrastrar
动词 拉

arado
名词 犁

gasoil
名词 柴油

cuerda 名词 绳

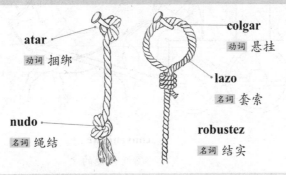

atar
动词 捆绑

colgar
动词 悬挂

lazo
名词 套索

nudo
名词 绳结

robustez
名词 结实

caballo 名词 马

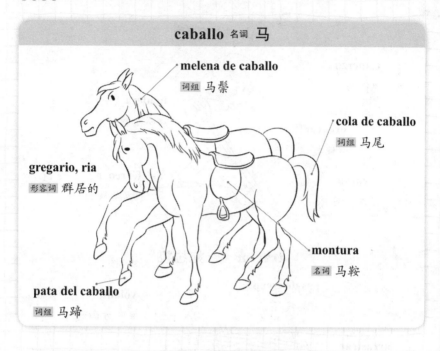

melena de caballo
词组 马鬃

cola de caballo
词组 马尾

gregario, ria
形容词 群居的

montura
名词 马鞍

pata del caballo
词组 马蹄

coche de caballo 词组 马车

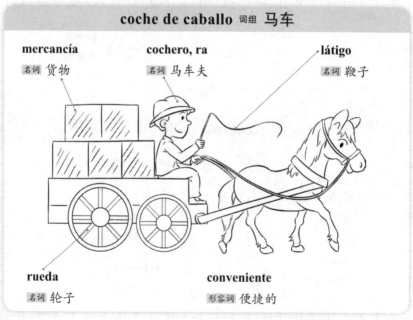

mercancía
名词 货物

cochero, ra
名词 马车夫

látigo
名词 鞭子

rueda
名词 轮子

conveniente
形容词 便捷的

trigo 名词 小麦

pan al vapor
词组 馒头

fideos
名词 面条

maltosa
名词 麦芽糖

conejo 名词 兔子

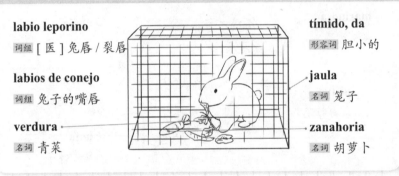

labio leporino
词组 [医] 兔唇 / 裂唇

labios de conejo
词组 兔子的嘴唇

verdura
名词 青菜

tímido, da
形容词 胆小的

jaula
名词 笼子

zanahoria
名词 胡萝卜

gato 名词 猫

vibrisas
名词 须

capturar
动词 抓

rata
名词 老鼠

cola
名词 尾巴

garra
名词 爪子

verdura 名词 蔬菜

calabaza
名词 南瓜

repollo
名词 卷心菜

pimiento
名词 辣椒

berenjena
名词 茄子

tomate
名词 西红柿

flor 名词 花

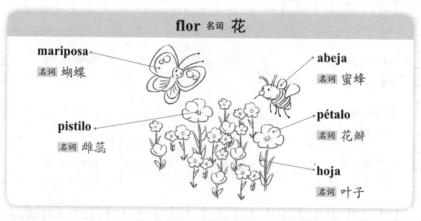

mariposa
名词 蝴蝶

abeja
名词 蜜蜂

pistilo
名词 雌蕊

pétalo
名词 花瓣

hoja
名词 叶子

valla 名词 篱笆

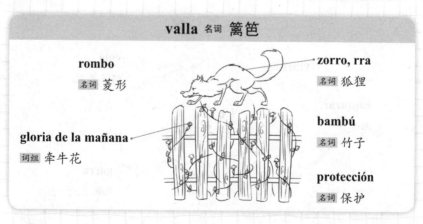

rombo
名词 菱形

zorro, rra
名词 狐狸

bambú
名词 竹子

gloria de la mañana
词组 牵牛花

protección
名词 保护

maíz 名词 玉米

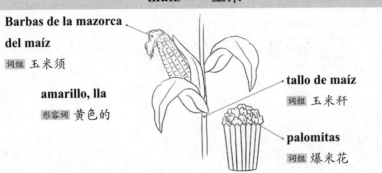

Barbas de la mazorca del maíz
词组 玉米须

amarillo, lla
形容词 黄色的

tallo de maíz
词组 玉米秆

palomitas
词组 爆米花

cosecha 名词 收获

otoño
名词 秋天

alegría
名词 喜悦

escalera
名词 梯子

coger
动词 摘

manzana
名词 苹果

ganso 名词 鹅

cuellilargo, ga
形容词 长脖子的

hígado de ganso
词组 鹅肝

pluma
名词 羽毛

blanco, ca
形容词 白色的

flotar
动词 浮

交

06

通

autobús 名词 公交车

Parada de autobús
词组 公交车站

chófer
名词 司机

llanta
名词 轮胎

pasajero, ra
名词 乘客

rueda
名词 车轮

coche 名词 小汽车

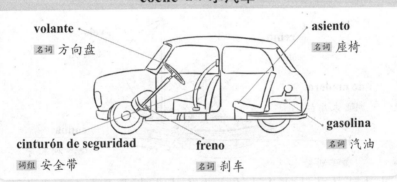

volante
名词 方向盘

cinturón de seguridad
词组 安全带

asiento
名词 座椅

freno
名词 刹车

gasolina
名词 汽油

bicicleta 名词 自行车

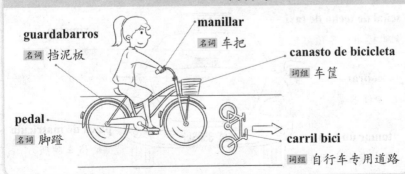

guardabarros
名词 挡泥板

manillar
名词 车把

canasto de bicicleta
词组 车筐

pedal
名词 脚蹬

carril bici
词组 自行车专用道路

avión 名词 飞机

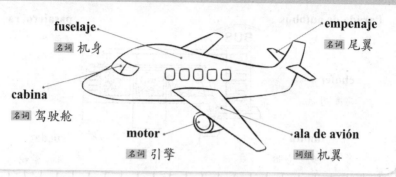

fuselaje
名词 机身

empenaje
名词 尾翼

cabina
名词 驾驶舱

motor
名词 引擎

ala de avión
词组 机翼

barca 名词 小船

remo 名词 桨

vela
名词 帆

de madera
词组 木质的

boga
名词 划船

canoa
名词 独木舟

taxi 名词 出租车

señal de techo de taxi
词组 标示；车顶灯

taxímetro
名词 计价器

cobrar
动词 收费

tomar un taxi
词组 乘坐出租车

placa de matrícula
词组 汽车牌照

tren 名词 火车

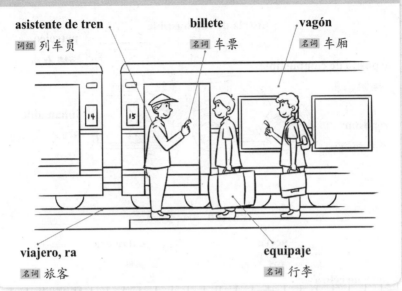

asistente de tren
词组 列车员

billete
名词 车票

vagón
名词 车厢

viajero, ra
名词 旅客

equipaje
名词 行李

semáforo 名词 交通信号灯

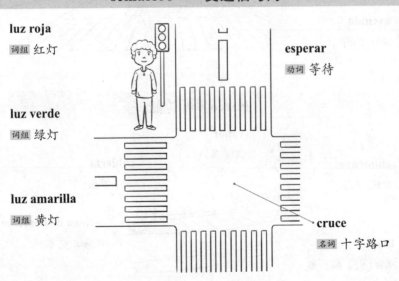

luz roja
词组 红灯

luz verde
词组 绿灯

luz amarilla
词组 黄灯

esperar
动词 等待

cruce
名词 十字路口

gasolinera 名词 加油站

pistola de combustible
词组 油枪

petróleo
名词 石油

depósito de combustible
词组 燃油箱

repostar
动词 加油

inflamable
形容词 易燃的

tráfico 名词 交通

acera
名词 人行道

carretera
名词 马路

paso de cebra
词组 斑马线

caminar
动词 行走

avenida
名词 大街

barco 名词 轮船

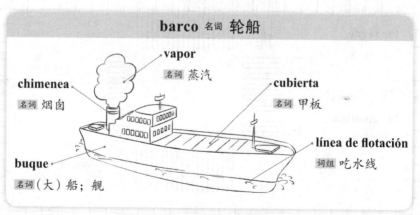

vapor
名词 蒸汽

chimenea
名词 烟囱

cubierta
名词 甲板

buque
名词（大）船；舰

línea de flotación
词组 吃水线

autobús escolar 词组 校车

estudiante
名词 学生

profesor, ra
名词 老师

parar
动词 到站停留

mochila
名词 书包

hacer cola
词组 排队

Automóvil deportivo 词组 跑车

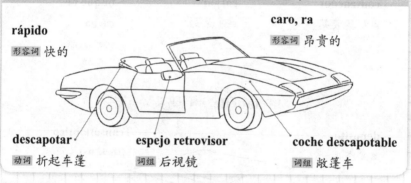

rápido
形容词 快的

caro, ra
形容词 昂贵的

descapotar
动词 折起车篷

espejo retrovisor
词组 后视镜

coche descapotable
词组 敞篷车

camión 名词 卡车

carga
名词 货物

vagón
名词 车厢

cabina
名词 驾驶室

semirremolque
名词 半挂车

gasoil
名词 柴油

59

puerto 名词 港口

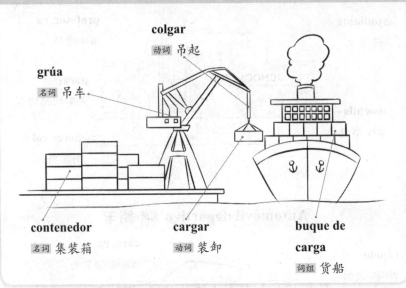

colgar
动词 吊起

grúa
名词 吊车

contenedor
名词 集装箱

cargar
动词 装卸

buque de carga
词组 货船

muelle 名词 码头

depósito
名词 仓库

Transatlántico
名词 邮轮

faro
名词 灯塔

crucero
名词 巡洋舰

puerto
名词 海港

transbordador
名词 渡船

coche de fórmula 词组 方程式赛车

conductor de carreras
词组 赛车手

campeonato
名词 锦标赛

motor
名词 引擎

pista de carreras
词组 赛道

casco
名词 头盔

moto 名词 摩托车

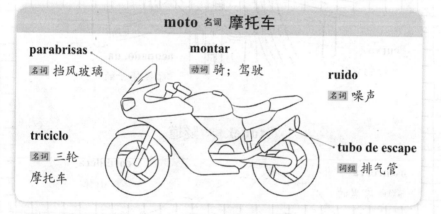

parabrisas
名词 挡风玻璃

montar
动词 骑；驾驶

ruido
名词 噪声

triciclo
名词 三轮
摩托车

tubo de escape
词组 排气管

yate 名词 游艇

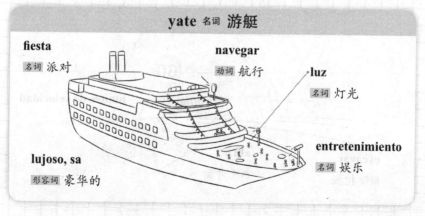

fiesta
名词 派对

navegar
动词 航行

luz
名词 灯光

lujoso, sa
形容词 豪华的

entretenimiento
名词 娱乐

paso superior 词组 立交桥

modernización
名词 现代化

estereoscópico, ca
形容词 立体的

salida
名词 出口

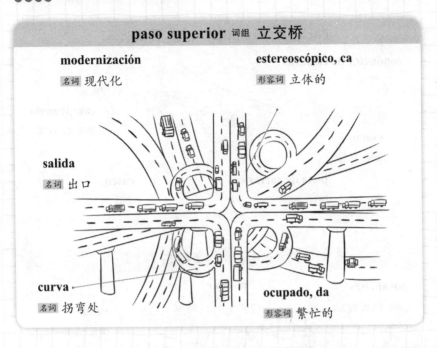

curva
名词 拐弯处

ocupado, da
形容词 繁忙的

túnel 名词 隧道

oscuro, ra
形容词 漆黑的

cordillera
名词 山脉

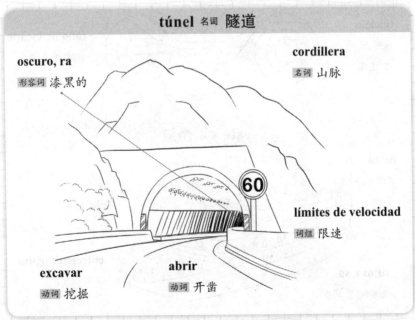

límites de velocidad
词组 限速

excavar
动词 挖掘

abrir
动词 开凿

puente 名词 桥

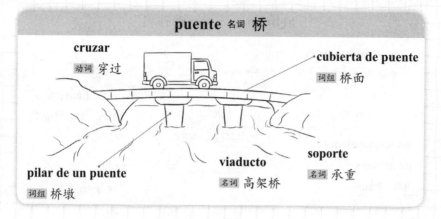

cruzar
动词 穿过

cubierta de puente
词组 桥面

pilar de un puente
词组 桥墩

viaducto
名词 高架桥

soporte
名词 承重

metro 名词 地铁

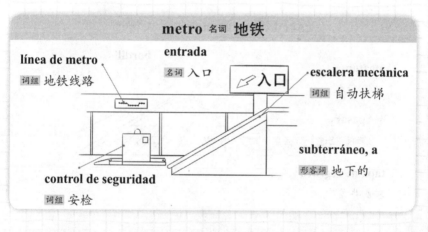

línea de metro
词组 地铁线路

entrada
名词 入口

escalera mecánica
词组 自动扶梯

control de seguridad
词组 安检

subterráneo, a
形容词 地下的

tren de alta velocidad 词组 高铁

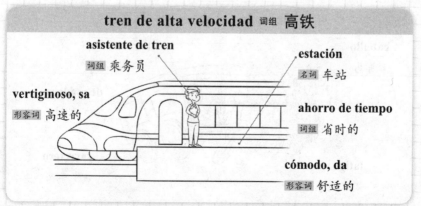

asistente de tren
词组 乘务员

estación
名词 车站

vertiginoso, sa
形容词 高速的

ahorro de tiempo
词组 省时的

cómodo, da
形容词 舒适的

helicóptero 名词 直升机

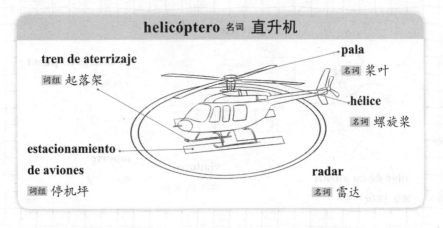

tren de aterrizaje
词组 起落架

pala
名词 桨叶

hélice
名词 螺旋桨

estacionamiento de aviones
词组 停机坪

radar
名词 雷达

carril de peatones 词组 人行道

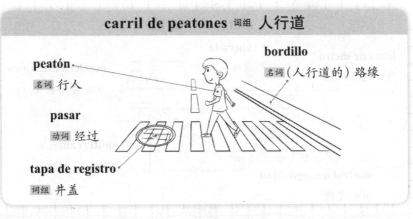

peatón
名词 行人

pasar
动词 经过

tapa de registro
词组 井盖

bordillo
名词 (人行道的) 路缘

coche de caballos 词组 马车

caballo
名词 马

látigo
名词 鞭子

arrastrar
动词 拖拉

de madera
词组 木制的

carretero
名词 车头

policía de tráfico 词组 交通警察

uniforme de policía
词组 警服

lámpara de alarma
词组 警灯

mandar
动词 指挥

coche de policía
词组 警车

gesto
名词 手势

área de servicio 词组 服务区

baño
名词 卫生间

restaurante
名词 餐厅

tienda
名词 商店

conveniente
形容词 便利的

aparcamiento
名词 停车场

aeropuerto 名词 飞机场

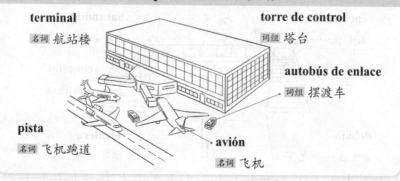

terminal
名词 航站楼

torre de control
词组 塔台

autobús de enlace
词组 摆渡车

pista
名词 飞机跑道

avión
名词 飞机

tranvía 名词 有轨电车

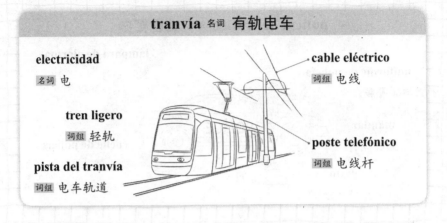

electricidad
名词 电

tren ligero
词组 轻轨

pista del tranvía
词组 电车轨道

cable eléctrico
词组 电线

poste telefónico
词组 电线杆

crucero 名词 十字路口

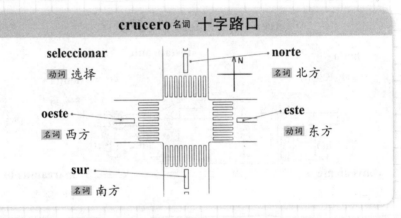

seleccionar
动词 选择

oeste
名词 西方

sur
名词 南方

norte
名词 北方

este
动词 东方

puente peatonal 词组 人行天桥

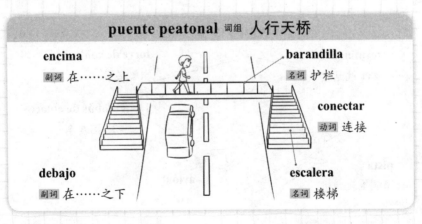

encima
副词 在……之上

debajo
副词 在……之下

barandilla
名词 护栏

conectar
动词 连接

escalera
名词 楼梯

autopista 名词 高速公路

hormigón asfáltico
词组 沥青混凝土

**trabajador, ra de la
construcción de carretera**
词组 修路工人

reparo
名词 维修

barricada
名词 路障

medir
动词 测量

ambulancia 名词 救护车

camilla
名词 担架

enfermero, ra
名词 护士

médico, ca
名词 医生

botella de oxígeno
词组 氧气瓶

enfermo, ma
名词 病人

scooter 名词 小型摩托车

vehículo
名词 交通工具

utilitario, ria
形容词 实用的

cojín
名词 坐垫

reposapiés
名词 踏脚板

人体

07

cara 名词 脸

arruga
名词 皱纹

mejilla
名词 脸颊

peca
名词 雀斑

bigote
名词 胡须

barbilla
名词 下巴

mano 名词 手

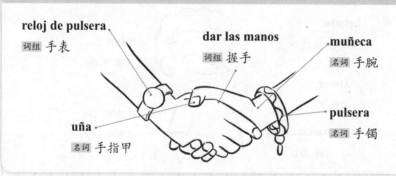

reloj de pulsera
词组 手表

dar las manos
词组 握手

muñeca
名词 手腕

uña
名词 手指甲

pulsera
名词 手镯

codo 名词 肘

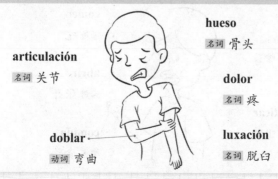

articulación
名词 关节

doblar
动词 弯曲

hueso
名词 骨头

dolor
名词 疼

luxación
名词 脱臼

dedo 名词 手指

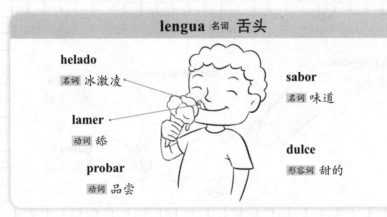

dedo anular
词组 无名指

pulgar
名词 拇指

palma
名词 手掌

anillo
名词 戒指

huella dactilar
词组 指纹

lengua 名词 舌头

helado
名词 冰激凌

lamer
动词 舔

probar
动词 品尝

sabor
名词 味道

dulce
形容词 甜的

boca 名词 嘴

labio
名词 嘴唇

masticar
动词 咀嚼

comer
动词 吃

abrir
动词 张开

comida
名词 食物

nariz 名词 鼻子

floral
形容词 花的

narigudo, da
形容词 鼻子大的

fragancia
名词 香味

fosa nasal
词组 鼻孔

oler
动词 闻

disfrutar
动词 享受

oreja 名词 耳朵

música
名词 音乐

nota musical
词组 音符

arete
名词 耳环

auricular
名词 耳机

escuchar
动词 听

cuello 名词 脖子

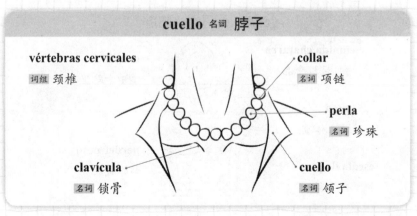

vértebras cervicales
词组 颈椎

clavícula
名词 锁骨

collar
名词 项链

perla
名词 珍珠

cuello
名词 领子

pierna 名词 腿

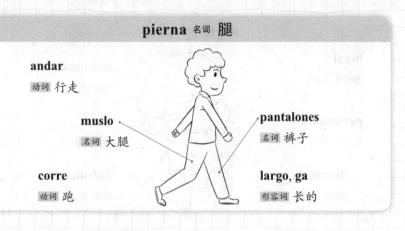

andar
动词 行走

muslo
名词 大腿

corre
动词 跑

pantalones
名词 裤子

largo, ga
形容词 长的

pie 名词 脚

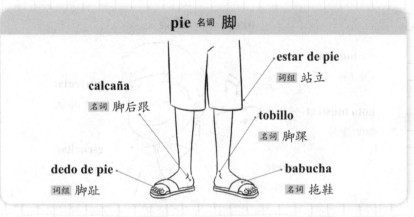

calcaña
名词 脚后跟

dedo de pie
词组 脚趾

estar de pie
词组 站立

tobillo
名词 脚踝

babucha
名词 拖鞋

gordo, da 形容词 肥胖

comida chatarra
词组 垃圾食品

peso
名词 体重

escala de peso
词组 体重秤

caloría
名词 卡路里

perder peso
词组 减肥

brazo 名词 胳膊

manga
名词 袖子

transportar
动词 搬运

caja
名词 箱子

músculo
名词 肌肉

pesado, da
形容词 沉重的

pelo 名词 头发

rizado
形容词 卷曲的

secador
名词 吹风机

húmedo, da
形容词 潮湿的

peine
名词 梳子

mujer
名词 女士

ojo 名词 眼睛

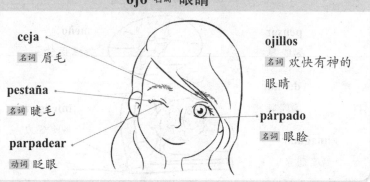

ceja
名词 眉毛

ojillos
名词 欢快有神的
眼睛

pestaña
名词 睫毛

parpadear
动词 眨眼

párpado
名词 眼睑

hombro 名词 肩膀

padre
名词 爸爸

escápula
名词 肩胛骨

responsabilidad
名词 责任

niño, ña
名词 小孩

feliz
形容词 幸福的

garganta 名词 喉咙

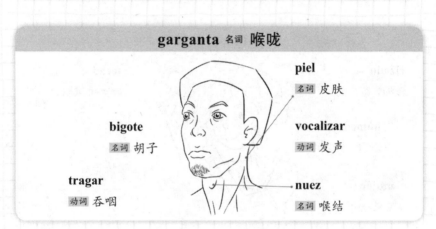

bigote
名词 胡子

tragar
动词 吞咽

piel
名词 皮肤

vocalizar
动词 发声

nuez
名词 喉结

cerebro 名词 大脑

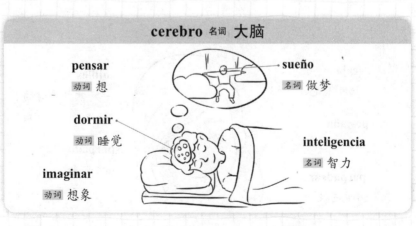

pensar
动词 想

dormir
动词 睡觉

imaginar
动词 想象

sueño
名词 做梦

inteligencia
名词 智力

cabeza 名词 头

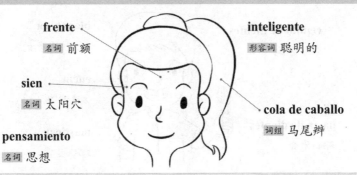

frente
名词 前额

sien
名词 太阳穴

pensamiento
名词 思想

inteligente
形容词 聪明的

cola de caballo
词组 马尾辫

globo del ojo 词组 眼球

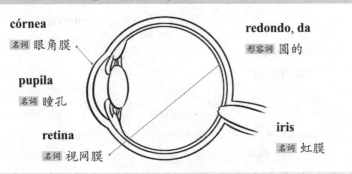

córnea
名词 眼角膜

pupila
名词 瞳孔

retina
名词 视网膜

redondo, da
形容词 圆的

iris
名词 虹膜

labio 名词 嘴唇

silbido
名词 口哨

voz
名词 声音

en voz alta
词组 响亮地

soplar
动词 吹

lápiz labial
词组 口红

diente 名词 牙齿

cepillo de dientes
词组 牙刷

pasta de dientes
词组 牙膏

blanco, ca
形容词 白色的

encía
名词 牙龈

masticar
动词 咀嚼

cintura 名词 腰

hula hoop
词组 呼啦圈

girar
动词 转动

barriga
名词 肚子

nalgas
名词 臀部

intestino 名词 肠

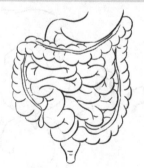

colon ascendente
词组 升结肠

colon transverso
词组 横结肠

apéndice
名词 阑尾

ciego
名词 盲肠

recto
名词 直肠

sangre 名词 血液

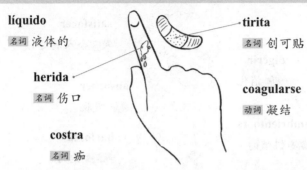

líquido 名词 液体的

herida 名词 伤口

costra 名词 痂

tirita 名词 创可贴

coagularse 动词 凝结

músculo 名词 肌肉

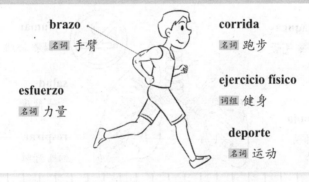

brazo 名词 手臂

esfuerzo 名词 力量

corrida 名词 跑步

ejercicio físico 词组 健身

deporte 名词 运动

hueso 名词 骨头

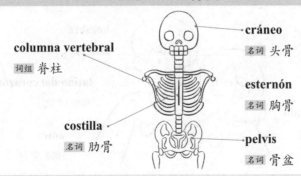

columna vertebral 词组 脊柱

costilla 名词 肋骨

cráneo 名词 头骨

esternón 名词 胸骨

pelvis 名词 骨盆

estómago 名词 胃

satisfacer
动词 令人满足

digerir
动词 消化

absorber
动词 吸收

hambriento, ta
形容词 饥饿的

harto, ta
形容词 饱的

pulmón 名词 肺

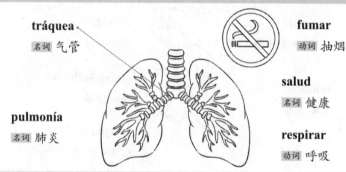

tráquea
名词 气管

fumar
动词 抽烟

salud
名词 健康

pulmonía
名词 肺炎

respirar
动词 呼吸

corazón 名词 心脏

mujer
名词 女人

hombre
名词 男人

latido del corazón
词组 心跳

matrimonio
名词 婚姻

amor
名词 爱情

cuerpo 名词 身体

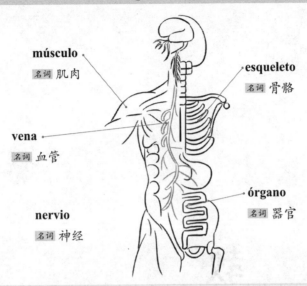

músculo
名词 肌肉

esqueleto
名词 骨骼

vena
名词 血管

nervio
名词 神经

órgano
名词 器官

piel 名词 皮肤

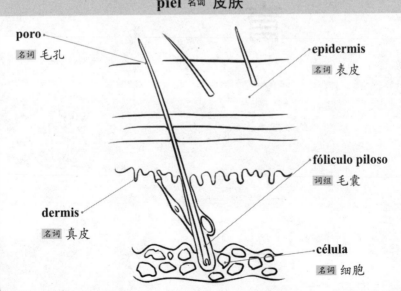

poro
名词 毛孔

epidermis
名词 表皮

fólículo piloso
词组 毛囊

dermis
名词 真皮

célula
名词 细胞

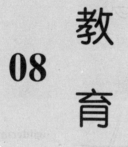

教

08

育

estudiante 名词 学生

estudio
名词 学习

estudiante secundario,a
词组 中学生

postgraduado
名词 研究生

estudiante de priamria
词组 小学生

estudiante universitario, a
词组 大学生

profesor, ra 名词 老师

deberes
词组 家庭作业

revisar
动词 修改

correcto, ta
形容词 正确的

trabajador, ra
形容词 辛苦的

incorrecto, ta
形容词 错误的

escuela 名词 学校

edificio de enseñanza
词组 教学楼

edificio
名词 建筑物

reloj
名词 时钟

autobús escolar
词组 校车

campo de baloncesto
词组 篮球场

kindergarten 名词 幼儿园

columpio
名词 秋千

fútbol
名词 足球

juguete
名词 玩具

tobogán
名词 滑梯

saltar a la soga
词组 跳绳

aula 名词 教室

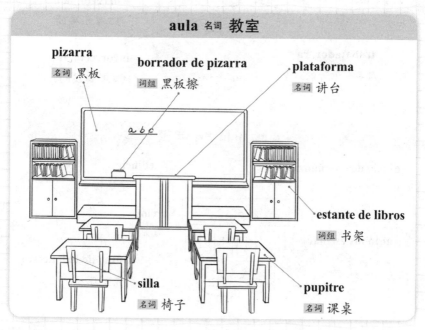

pizarra
名词 黑板

borrador de pizarra
词组 黑板擦

plataforma
名词 讲台

a b c

estante de libros
词组 书架

silla
名词 椅子

pupitre
名词 课桌

universidad 名词 大学

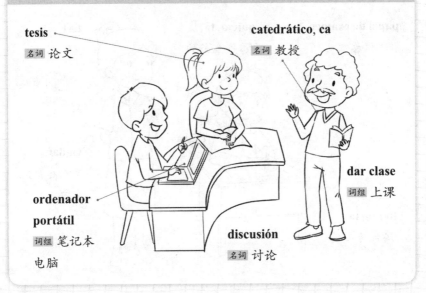

tesis
名词 论文

catedrático, ca
名词 教授

dar clase
词组 上课

ordenador portátil
词组 笔记本电脑

discusión
名词 讨论

curso 名词 课程

chino
名词 语文

matemáticas
名词 数学

inglés
名词 英语

historia
名词 历史

física
名词 物理

biología
名词 生物

química
名词 化学

课 程 表

		星期一	星期二	星期三	星期四	星期五
上午		语文	数学	物理	语文	体育
		英语	历史	英语	科学	数学
下午		生物	英语	语文	化学	美术
		数学	物理	地理	生物	历史

arte
名词 美术

educación física
词组 体育

ciencia
名词 科学

geografía
名词 地理

examen 名词 考试

papel de examen
词组 试卷

quieto, ta
形容词 安静的

test
名词 测试

vigilar
动词 看管，监视

atento, ta
形容词 专心的

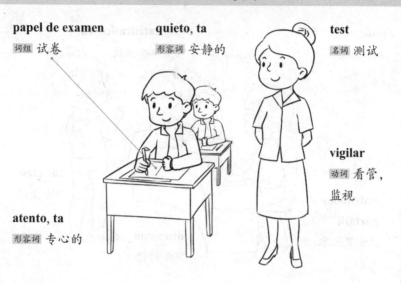

ciencia 名词 科学

destornillador
名词 螺丝刀

cooperación
名词 合作

interesante
形容词 有趣的

reparo
名词 修理

robot
名词 机器人

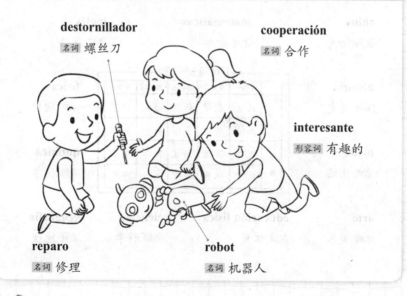

psicología 名词 心理学

enfermo, ma
名词 病人

curar
动词 治疗

relajar
动词 放松

psicólogo, ga
名词 心理学家

clínica
名词 诊所

educación prenatal 词组 胎教

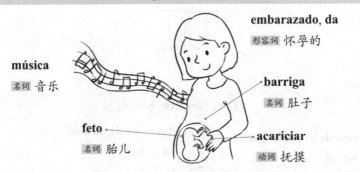

música
名词 音乐

embarazado, da
形容词 怀孕的

barriga
名词 肚子

feto
名词 胎儿

acariciar
动词 抚摸

educación temprana 词组 早期教育

piezas de Lego
词组 乐高积木

bebé
名词 婴儿

alfombra
名词 地毯

juego
名词 游戏

gatear
动词 爬

título académico 词组 学位

máster
名词 硕士

grado
名词 学士

doctor, ra
名词 博士

sabio, bia
形容词 知识渊博的

experimento 名词 实验

vaso de precipitados
词组 烧杯

lámpara de alcohol
词组 酒精灯

tubo de ensayo
词组 试管

microscopio
名词 显微镜

laboratorio
名词 实验室

09

乐
器

piano 名词 钢琴

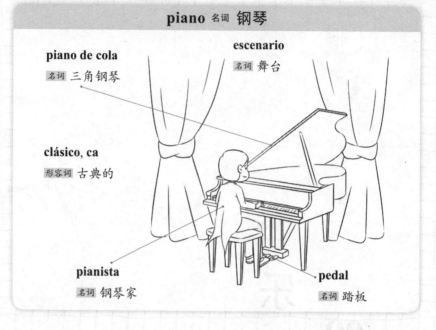

piano de cola
名词 三角钢琴

escenario
名词 舞台

clásico, ca
形容词 古典的

pianista
名词 钢琴家

pedal
名词 踏板

guitarra 名词 吉他

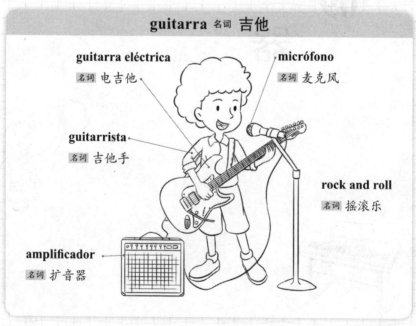

guitarra eléctrica
名词 电吉他

micrófono
名词 麦克风

guitarrista
名词 吉他手

rock and roll
名词 摇滚乐

amplificador
名词 扩音器

acordeón 名词 手风琴

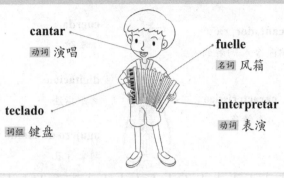

cantar
动词 演唱

fuelle
名词 风箱

teclado
词组 键盘

interpretar
动词 表演

violín 名词 小提琴

arco
词组 琴弓

violinista
名词 小提琴演奏者

barbada de violín
词组 腮托

solo
名词 独奏

violonchelo 名词 大提琴

tablero
名词 板子

clavija
名词 弦钮

partitura
词组 乐谱

atril
名词 乐谱架

violoncelista
名词 大提琴演奏者

laúd 名词 琵琶

encantador, ra
形容词 令人陶醉的

característica
名词 特色

cuerda
名词 弦

digitación
名词 指法

agujero de sonido
词组 音孔

xilófono 名词 木琴

mazo
名词 木槌

de madera
词组 木制

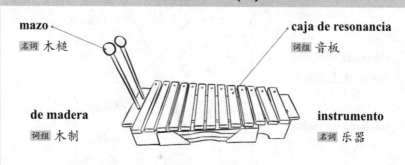

caja de resonancia
词组 音板

instrumento
名词 乐器

arpa 名词 竖琴

fino, na
形容词 精致的

elegante
形容词 高雅的

arpista
名词 竖琴演奏者

pizzicato
名词 拔奏

gaita 名词 风笛

tubo de soplado
词组 吹管

gaitero, ra
名词 风笛手

punteiro
名词 风笛的木管

drone
名词 持续音音管

maracas 名词 沙槌

sacudir
动词 摇动

crujido
名词 沙沙声

palo
名词 手柄

trombón 名词 长号

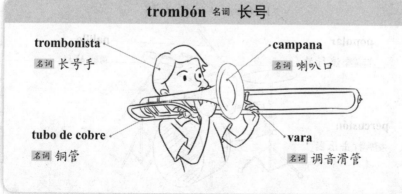

trombonista
名词 长号手

campana
名词 喇叭口

tubo de cobre
名词 铜管

vara
名词 调音滑管

flauta 名词 长笛

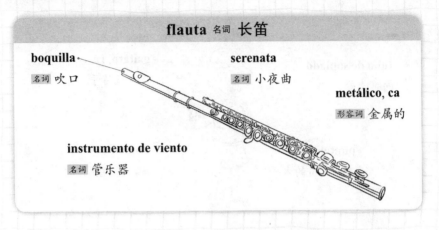

boquilla
名词 吹口

serenata
名词 小夜曲

metálico, ca
形容词 金属的

instrumento de viento
名词 管乐器

clarinete 名词 单簧管

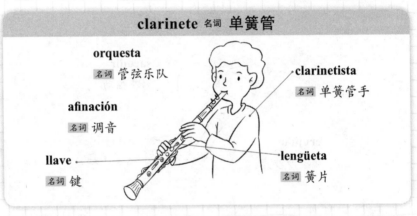

orquesta
名词 管弦乐队

clarinetista
名词 单簧管手

afinación
名词 调音

llave
名词 键

lengüeta
名词 簧片

batería 名词 爵士鼓

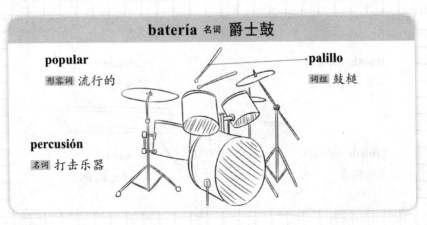

popular
形容词 流行的

palillo
词组 鼓槌

percusión
名词 打击乐器

saxofón 名词 萨克斯管

saxofonista
名词 萨克斯吹奏者

profundo, da
形容词 深沉的

exquisito, ta
形容词 优美的

blues
名词 布鲁斯音乐

doloroso, sa
形容词 忧伤的

gong 名词 锣

folklórico, ca
形容词 民间的

altisonante
形容词 响亮的

tradicional
形容词 传统的

la Ópera de Beijing
词组 京剧

platillos 名词 钹

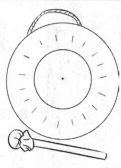

chocar
动词 碰撞

sonoro, ra
形容词 浑厚的

oscilar
动词 振动（发声）

sonido persistente
词组 余音（长）

pandereta 名词 手鼓

achatado, da
形容词 扁圆的

alegre
形容词 欢快的

bailar
动词 跳舞

ritmo
名词 节奏

castañuelas 名词 响板

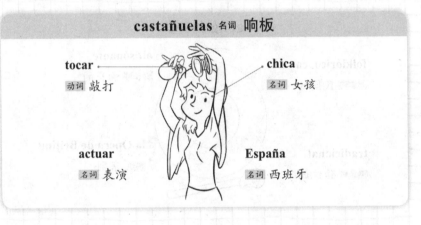

tocar
动词 敲打

chica
名词 女孩

actuar
名词 表演

España
名词 西班牙

triángulo, la 名词 三角铁

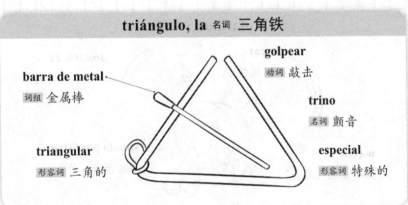

golpear
动词 敲击

barra de metal
词组 金属棒

trino
名词 颤音

triangular
形容词 三角的

especial
形容词 特殊的

teclado electrónico 词组 **电子琴**

electrónico, ca
形容词 电子的

reverberación
名词 混响

instrumento musical electrónico
词组 电子乐器

melodía
名词 旋律

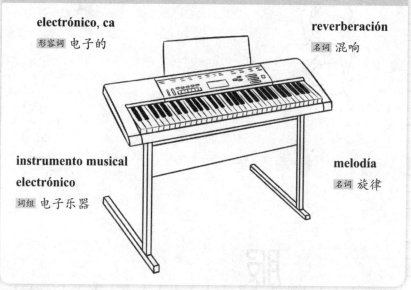

alegro 名词 **快板**

gracioso, sa
形容词 滑稽的

charla cruzada
词组 相声

teatro
名词 剧场

público
名词 观众

carcajada
名词 大笑

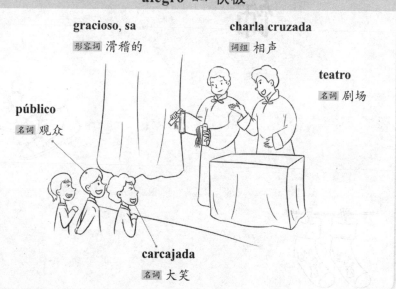

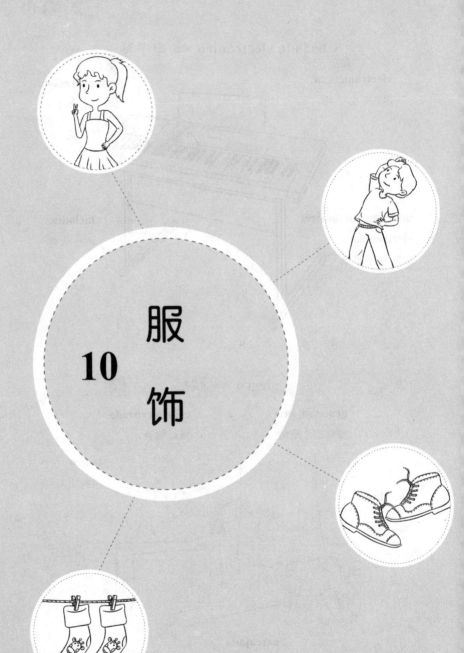

服

10

饰

chaqueta 名词 外套

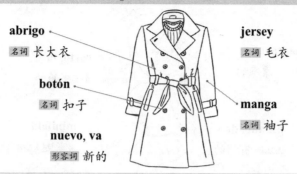

abrigo
名词 长大衣

botón
名词 扣子

nuevo, va
形容词 新的

jersey
名词 毛衣

manga
名词 袖子

camiseta 名词 T 恤

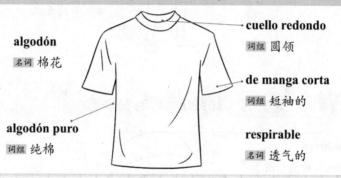

algodón
名词 棉花

algodón puro
词组 纯棉

cuello redondo
词组 圆领

de manga corta
词组 短袖的

respirable
名词 透气的

vestido 名词 连衣裙

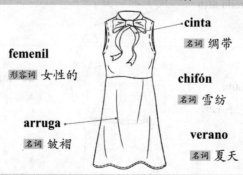

femenil
形容词 女性的

arruga
名词 皱褶

cinta
名词 绸带

chifón
名词 雪纺

verano
名词 夏天

falda 名词 半身裙

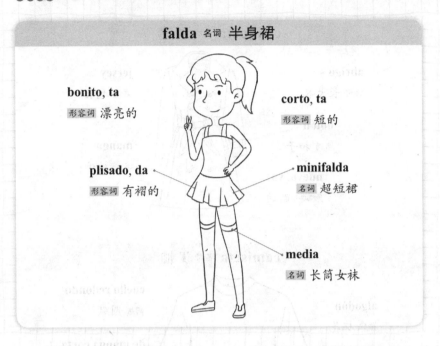

bonito, ta
形容词 漂亮的

corto, ta
形容词 短的

plisado, da
形容词 有褶的

minifalda
名词 超短裙

media
名词 长筒女袜

suéter 名词 毛衣

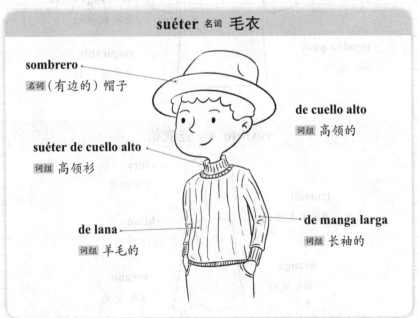

sombrero
名词（有边的）帽子

de cuello alto
词组 高领的

suéter de cuello alto
词组 高领衫

de manga larga
词组 长袖的

de lana
词组 羊毛的

pantalones 名词 裤子

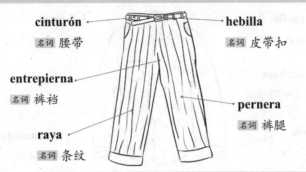

cinturón
名词 腰带

hebilla
名词 皮带扣

entrepierna
名词 裤裆

pernera
名词 裤腿

raya
名词 条纹

traje 名词 西装

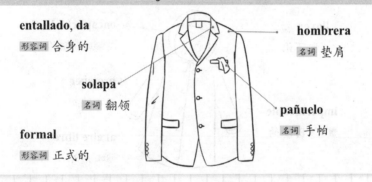

entallado, da
形容词 合身的

hombrera
名词 垫肩

solapa
名词 翻领

pañuelo
名词 手帕

formal
形容词 正式的

vaqueros 名词 牛仔裤

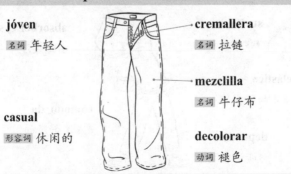

jóven
名词 年轻人

cremallera
名词 拉链

mezclilla
名词 牛仔布

casual
形容词 休闲的

decolorar
动词 褪色

camisa 名词 衬衫

cuello
名词 衣领

corbata
名词 领带

gemelo
名词 袖扣

informal
形容词 非正式的

bocamanga
名词 袖口

impermeable 名词 雨衣

llover
动词 下雨

impermeable
形容词 防水的

encapuchado, da
形容词 带帽的

proteger
动词 防护

al aire libre
词组 户外

ropa deportiva 词组 运动服

suelto, ta
形容词 宽松的

elástico
名词 松紧带

deportista
名词 运动员

absorber el sudor
词组 吸汗

cómodo, da
形容词 舒服的

pijama 名词 睡衣

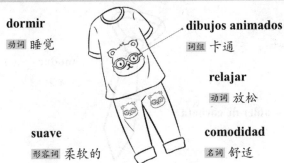

dormir
动词 睡觉

dibujos animados
词组 卡通

relajar
动词 放松

suave
形容词 柔软的

comodidad
名词 舒适

zapato 名词 鞋

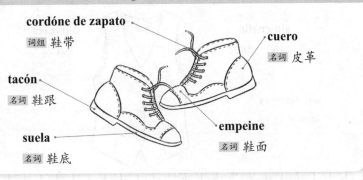

cordóne de zapato
词组 鞋带

cuero
名词 皮革

tacón
名词 鞋跟

suela
名词 鞋底

empeine
名词 鞋面

guante 名词 手套

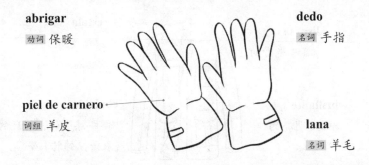

abrigar
动词 保暖

dedo
名词 手指

piel de carnero
词组 羊皮

lana
名词 羊毛

corbata 名词 领带

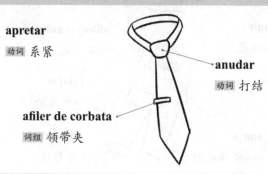

apretar
动词 系紧

anudar
动词 打结

afiler de corbata
词组 领带夹

chaleco 名词 马甲

sin cuello
词组 无领的

etiqueta
名词 标签

sin mangas
词组 无袖的

chaqueta de cuero 词组 皮衣

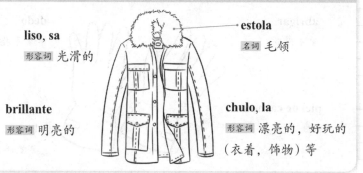

liso, sa
形容词 光滑的

estola
名词 毛领

brillante
形容词 明亮的

chulo, la
形容词 漂亮的，好玩的
（衣着，饰物）等

traje de plumón 词组 羽绒服

relleno
名词 填充物

logo
名词 标志

esponjoso, sa
形容词 蓬松的

invierno
名词 冬天

babucha 名词 拖鞋

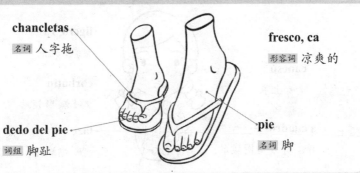

chancletas
名词 人字拖

fresco, ca
形容词 凉爽的

dedo del pie
词组 脚趾

pie
名词 脚

pantalones cortos 词组 短裤

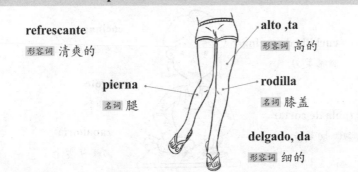

refrescante
形容词 清爽的

alto ,ta
形容词 高的

pierna
名词 腿

rodilla
名词 膝盖

delgado, da
形容词 细的

chaqueta 名词 夹克衫

gorra
名词 棒球帽

templado, da
形容词 温暖的

bolsillo
名词 口袋

blusa 名词（女式）短上衣

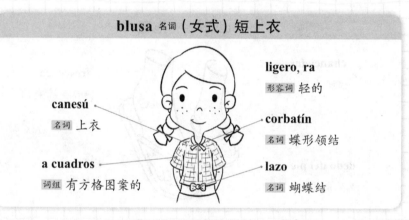

ligero, ra
形容词 轻的

canesú
名词 上衣

corbatín
名词 蝶形领结

a cuadros
词组 有方格图案的

lazo
名词 蝴蝶结

delantal 名词 围裙

cocinar
动词 做饭

cuchillo de cocina
词组 菜刀

mangote
名词 袖套

tabla de cortar
词组 切菜板

zanahoria
名词 胡萝卜

calcetines 名词 袜子

colgar
动词 悬挂

clip
名词 夹子

tendedero
名词 晾衣绳

de algodón
词组 棉的

jirafa
名词 长颈鹿

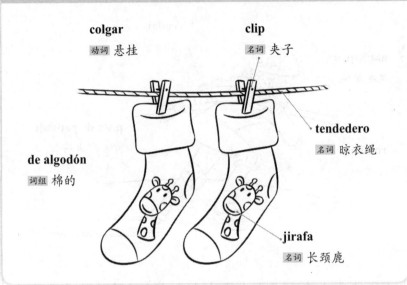

sandalia 名词 凉鞋

motivo
名词 图案

tejer
动词 编织

antideslizante
形容词 防滑的

patín 名词 溜冰鞋

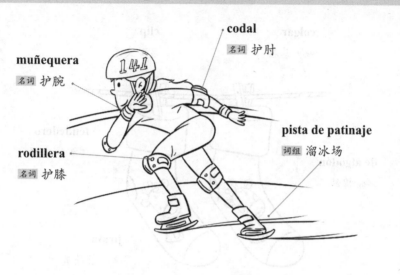

codal
名词 护肘

muñequera
名词 护腕

rodillera
名词 护膝

pista de patinaje
词组 溜冰场

uniforme 名词 制服

gorra
名词 制服帽

saludar
动词 敬礼

solemne
形容词 庄重的

responsabilidad
名词 责任

estar de guardia
词组 执勤

vestido de noche 词组 晚礼服

precioso, sa
形容词 华丽的

pulsera
名词 手镯

pendiente
名词 耳环

ornamento
名词 装饰品

gafas 名词 眼镜

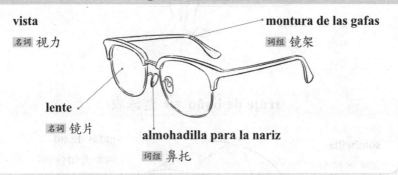

vista
名词 视力

montura de las gafas
词组 镜架

lente
名词 镜片

almohadilla para la nariz
词组 鼻托

rompevientos 名词 防风夹克；风衣

viento
名词 风

mascarilla
名词 口罩

bufanda
名词 围巾

albornoz 名词 浴袍

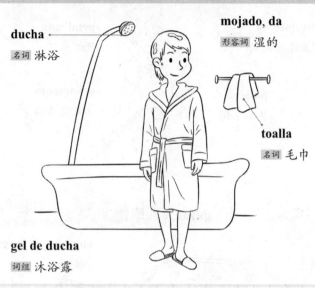

ducha
名词 淋浴

mojado, da
形容词 湿的

toalla
名词 毛巾

gel de ducha
词组 沐浴露

traje de baño 名词 游泳衣

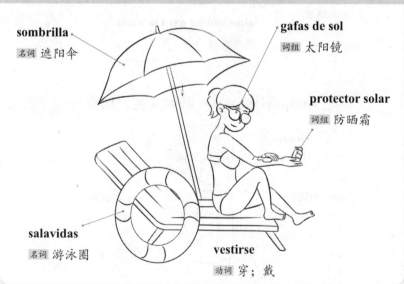

sombrilla
名词 遮阳伞

gafas de sol
词组 太阳镜

protector solar
词组 防晒霜

salavidas
名词 游泳圈

vestirse
动词 穿；戴

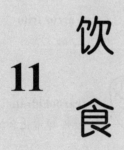

11

饮

食

carta 名词 菜单

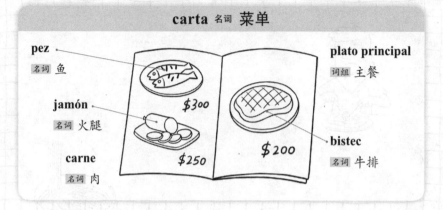

pez
名词 鱼

jamón
名词 火腿

carne
名词 肉

$300

$250

plato principal
词组 主餐

bistec
名词 牛排

$200

arroz 名词 米饭、稻、米

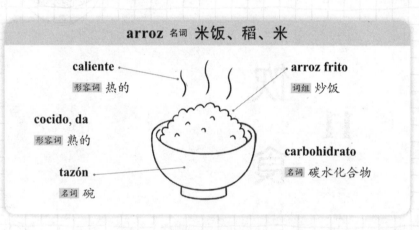

caliente
形容词 热的

cocido, da
形容词 熟的

tazón
名词 碗

arroz frito
词组 炒饭

carbohidrato
名词 碳水化合物

sandía 名词 西瓜

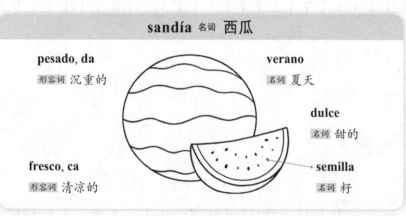

pesado, da
形容词 沉重的

fresco, ca
形容词 清凉的

verano
名词 夏天

dulce
名词 甜的

semilla
名词 籽

comida 名词 一餐，膳食

servilleta
名词 餐巾布

cuchillo
名词 小刀

tenedor
名词 叉子

cortar
动词 切

plato
名词 盘子

fideo 名词 面条

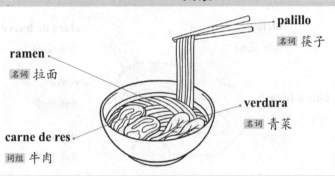

palillo
名词 筷子

ramen
名词 拉面

verdura
名词 青菜

carne de res
词组 牛肉

pera 名词 梨

azúcar piedra
词组 冰糖

jugoso, sa
形容词 多汁的

crujiente
形容词 脆的

guisar
动词 炖

amarillo, lla
形容词 黄色

ravioles 名词 饺子

harina
名词 面粉

relleno
名词 馅料

cocer
动词 煮

Fiesta de la Primavera
词组 春节

China
名词 中国

huevo 名词 鸡蛋

sartén
名词 煎锅

huevo frito
词组 煎蛋

clara de huevo
词组 蛋白

yema
名词 蛋黄

elipse
名词 椭圆

naranja 名词 橙子

beber
动词 喝

zumo de naranja
词组 橙汁

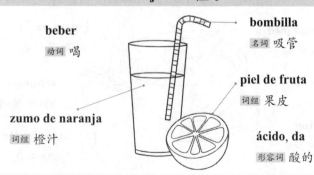

bombilla
名词 吸管

piel de fruta
词组 果皮

ácido, da
形容词 酸的

espagueti 名词 意大利面

tomate
名词 番茄

cebolla
名词 洋葱

pimiento
名词 胡椒

salsa de carne
词组 肉酱

queso rallado
词组 芝士粉

budín 名词 布丁

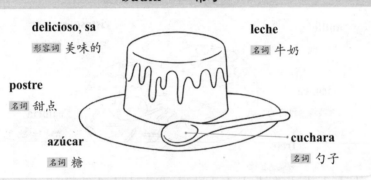

delicioso, sa
形容词 美味的

postre
名词 甜点

azúcar
名词 糖

leche
名词 牛奶

cuchara
名词 勺子

fruta 名词 水果

canasta de frutas
词组 水果篮

pitahaya
名词 火龙果

melocotón
名词 桃子

piña
名词 菠萝

mango
名词 芒果

bizcocho 名词 饼干

harina de trigo
词组 小麦面粉

mantequilla
名词 黄油

hornear
动词 烘烤

nuez
名词 坚果

lonja
名词 薄片

rosquilla 名词 甜甜圈

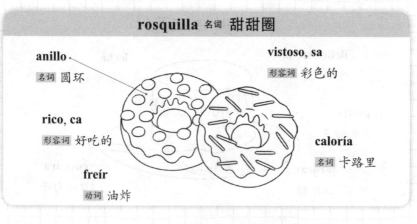

anillo
名词 圆环

vistoso, sa
形容词 彩色的

rico, ca
形容词 好吃的

caloría
名词 卡路里

freír
动词 油炸

verdura 名词 蔬菜

repollo
名词 卷心菜

apio
名词 芹菜

pepino
名词 黄瓜

champiñón
名词 蘑菇

zanahoria
名词 胡萝卜

tostado 名词 吐司、烤面包

mantequilla de maní
词组 花生酱

asar
动词 烤

pasa
名词 葡萄干

desayuno
名词 早餐

mermelada
名词 果酱

chocolate 名词 巧克力

coco
名词 可可粉

cuadrado
名词 正方形

amargo, ga
形容词 苦的

cremoso, sa
形容词 含乳脂的

sedoso, sa
形容词 丝滑的，顺滑的

pizza 名词 披萨

queso Mozzarella
词组 马苏里拉奶酪

pimiento verde
词组 青椒

atún
名词 金枪鱼

ketchup
名词 番茄酱

gamba
名词 虾

bollo 名词 小圆面包

esponjoso, sa
形容词 松软的

sésamo
名词 芝麻

sabroso, sa
形容词 可口的

levadura
名词 酵母

nuez
名词 坚果

caramelo 名词 糖果

miel
名词 蜂蜜

envoltura de dulces
词组 糖纸

chupachups
名词 棒棒糖

menta
名词 薄荷

chicle
名词 口香糖

sándwich 名词 三明治

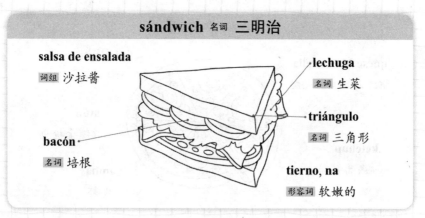

salsa de ensalada
词组 沙拉酱

lechuga
名词 生菜

triángulo
名词 三角形

bacón
名词 培根

tierno, na
形容词 软嫩的

perrito caliente 词组 热狗

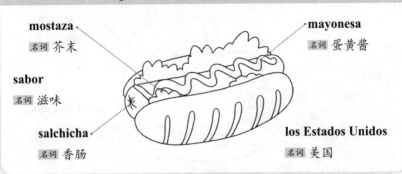

mostaza
名词 芥末

sabor
名词 滋味

salchicha
名词 香肠

mayonesa
名词 蛋黄酱

los Estados Unidos
名词 美国

helado 名词 冰激凌

vanilla
名词 香草

derretirse
动词 融化

cono dulce
名词 甜筒

hielo
名词 冰

fresco, ca
形容词 凉爽的

uva 名词 葡萄

vino
名词 葡萄酒

tallo
名词 茎

violeta
名词 紫色

hoja
名词 叶子

racimo
名词 串

sopa 名词 汤羹

castaña
名词 板栗

olla
名词 锅

líquido
名词 液体

cuchara
名词 汤勺

sopa de pollo
词组 鸡汤

tarta 名词 蛋糕

llama
名词 火焰

cumpleaños
名词 生日

vela
名词 蜡烛

crema
名词 奶油

esperanza
名词 许愿

banana 名词 香蕉

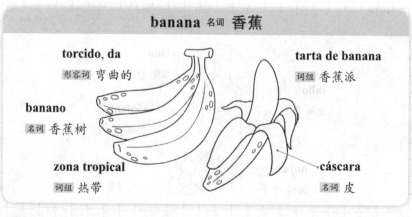

torcido, da
形容词 弯曲的

banano
名词 香蕉树

zona tropical
词组 热带

tarta de banana
词组 香蕉派

cáscara
名词 皮

hamburguesa 名词 汉堡

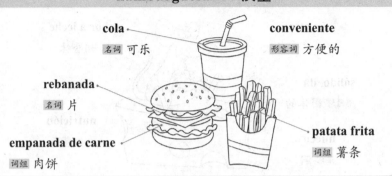

cola
名词 可乐

conveniente
形容词 方便的

rebanada
名词 片

empanada de carne
词组 肉饼

patata frita
词组 薯条

pastel 名词 馅饼

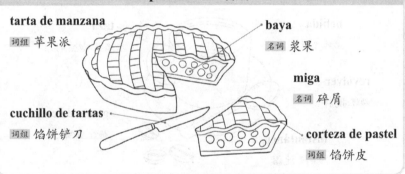

tarta de manzana
词组 苹果派

baya
名词 浆果

miga
名词 碎屑

cuchillo de tartas
词组 馅饼铲刀

corteza de pastel
词组 馅饼皮

manzana 名词 苹果

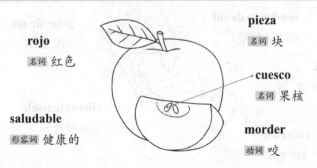

rojo
名词 红色

pieza
名词 块

cuesco
名词 果核

saludable
形容词 健康的

morder
动词 咬

queso 名词 奶酪

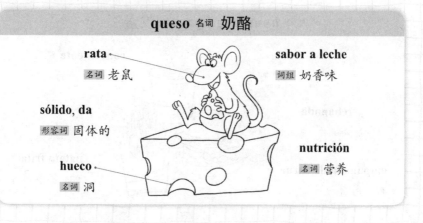

rata
名词 老鼠

sólido, da
形容词 固体的

hueco
名词 洞

sabor a leche
词组 奶香味

nutrición
名词 营养

café 名词 咖啡

bebida
名词 饮料

revolver
动词 搅拌

instantáneo, a
形容词 速溶

taza
名词 咖啡杯

grano de café
词组 咖啡豆

zumo 名词 果汁

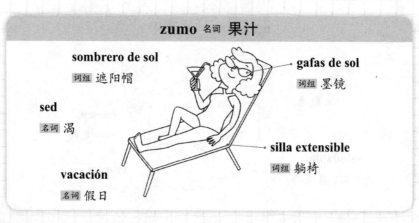

sombrero de sol
词组 遮阳帽

sed
名词 渴

vacación
名词 假日

gafas de sol
词组 墨镜

silla extensible
词组 躺椅

patata frita 词组 炸薯条

comida rápida
词组 快餐

banda
名词 条状

puré de patatas
词组 土豆泥

patata
名词 土豆

menú del día
名词 套餐

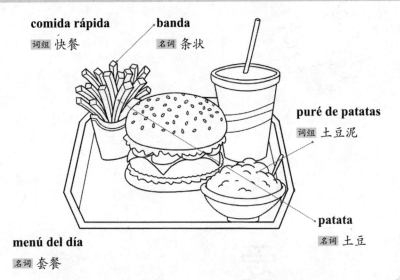

té 名词 茶

tetera
名词 茶壶

té negro
词组 红茶

taza de té
词组 茶杯

té verde
词组 绿茶

té
名词 茶叶

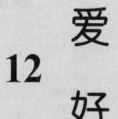

爱
12
好

lectura 名词 阅读

estudio 名词 学习

libro 名词 书

estudiante 名词 学生

silla 名词 椅子

escritorio 名词 书桌

cantar 动词 唱歌

cantante 名词 歌手

canción 名词 歌曲

soprano 名词 女高音

en voz alta 词组 大声地

bel canto 词组 美声唱法

música 名词 音乐

fotografía 名词 摄影

cámara 名词 照相机

fotógrafo, fa 名词 摄影师

obturador 名词 快门

foto 名词 照片

trípode 名词 三脚架

ver película 词组 看电影

cine
名词 电影院

público
名词 观众

actriz
名词 女演员

actor
名词 男演员

pantalla
名词 屏幕

viaje 名词 旅行

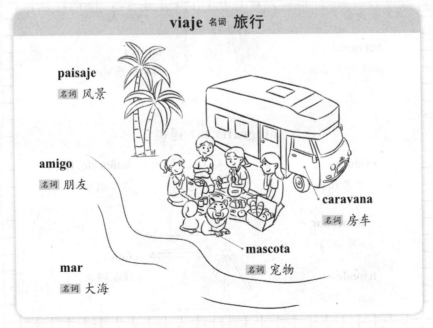

paisaje
名词 风景

amigo
名词 朋友

mar
名词 大海

mascota
名词 宠物

caravana
名词 房车

juega al póker 词组 打扑克

rombo
名词 方块

pica
名词 黑桃

corazón
名词 红桃

entretenimiento
名词 娱乐

trébol
名词 梅花

jugar al ajedrez 词组 下棋

ajedrez
名词 国际象棋

ajedrecista
名词 棋手

rey
名词 国王

tablero de ajedrez
词组 棋盘

reina
名词 皇后

gastronomía 名词 烹饪

cocinero, ra
名词 厨师

tazón
名词 碗

sartén
名词 平底锅

cuchara
名词 勺子

plato
名词 盘子

cosido 名词 缝纫

máquina de coser
词组 缝纫机

tijera
名词 剪刀

hilo
名词 线

aguja
名词 针

tela
名词 布

pintura 名词 绘画

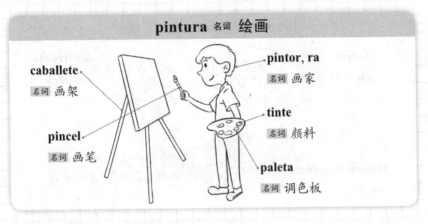

caballete
名词 画架

pincel
名词 画笔

pintor, ra
名词 画家

tinte
名词 颜料

paleta
名词 调色板

pescar 动词 钓鱼

caña de pescar
名词 钓鱼竿

sedal
名词 钓鱼线

lago
名词 湖

cebo
名词 鱼饵

cubo
名词 水桶

escritura 名词 写作

escritor, ra
名词 作家

pluma
名词 钢笔

papel
名词 纸

novela
名词 小说

tinta
名词 墨水

compra 名词 购物

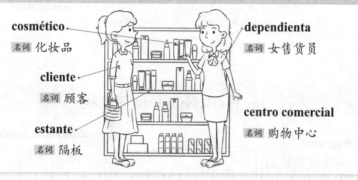

cosmético
名词 化妆品

cliente
名词 顾客

estante
名词 隔板

dependienta
名词 女售货员

centro comercial
名词 购物中心

senderismo 名词 徒步旅行

termo
名词 保温杯

zapatos de senderismo
名词 登山鞋

montaña
名词 山

mochila
名词 背包

camino
名词 路

baile 名词 舞蹈

luz
名词 灯光

tutú
名词 芭蕾舞短裙

ballet
名词 芭蕾舞

zapatillas de ballet
名词 芭蕾舞鞋

escenario
名词 舞台

ver la televisión 词组 看电视

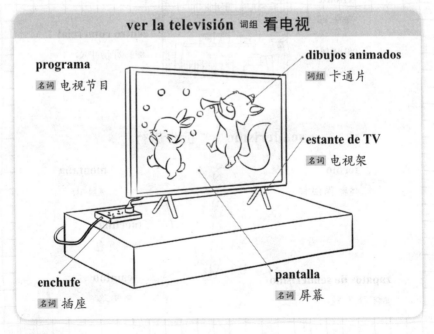

programa
名词 电视节目

dibujos animados
词组 卡通片

estante de TV
名词 电视架

enchufe
名词 插座

pantalla
名词 屏幕

jugar a juegos de PC 词组 玩电脑游戏

auriculares
名词 头戴式耳机

ordenador
名词 电脑

ratón
名词 鼠标

recreo
名词 娱乐

teclado
名词 键盘

cultivar flores 词组 养花

pala
名词 铁铲

suelo
名词 土壤

fertilizante
名词 肥料

maceta
名词 花盆

regadera
名词 喷水壶

jugar al golf 词组 打高尔夫球

guantes
名词 手套

palo de golf
名词 高尔夫球杆

bunker de arena
名词 沙坑

campo de golf
名词 高尔夫球场

agujero
名词 球洞

jugar a bolos 词组 打保龄球

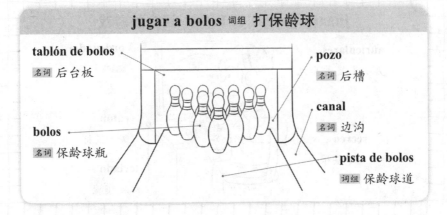

tablón de bolos
名词 后台板

pozo
名词 后槽

canal
名词 边沟

bolos
名词 保龄球瓶

pista de bolos
词组 保龄球道

escuchar la sinfonía 词组 听交响乐

partitura
名词 乐谱

conductor, ra
名词 指挥家

batuta
名词 指挥棒

atril
名词 乐谱架

frac
名词 燕尾服

jugar al baloncesto 词组 打篮球

canasta
名词 篮筐

campo de baloncesto
词组 篮球场

tablero
名词 篮板

zapatillas de baloncesto
词组 篮球鞋

muñequera
名词 腕带

jugar al fútbol 词组 踢足球

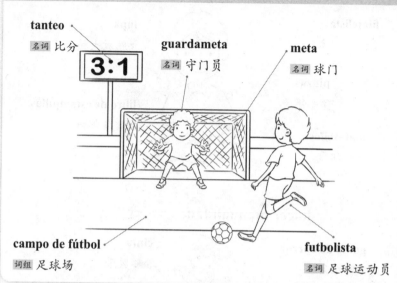

tanteo
名词 比分

guardameta
名词 守门员

meta
名词 球门

campo de fútbol
词组 足球场

futbolista
名词 足球运动员

tocar el piano 词组 弹钢琴

tecla negra
词组 黑键

pentagrama
名词 五线谱

tecla blanca
词组 白键

pianista
名词 钢琴家

pedal
名词 踏板

colección de estampillas 词组 集邮

filatelista
名词 集邮家

lupa
名词 放大镜

pinza
名词 镊子

libro de estampillas
词组 集邮册

matasellos
名词 邮戳

hacer manualidades 词组 做手工

goma de borrar
词组 橡皮

cinta
名词 胶带

regla
名词 尺子

compás
名词 圆规

pegamento
名词 胶水、黏合剂

navegar por internet 词组 上网

pantalla del ordenador
词组 电脑屏幕

router
名词 路由器

Internet
名词 网络

unidad central host
词组 主机

página web
词组 网站

ejercicio físico 词组 健身

toalla
名词 毛巾

músculo
名词 肌肉

gimnasio
名词 健身房

agua con gas
词组 苏打水

cinta de correr
词组 跑步机

hornear 动词 烘焙

tarta
名词 蛋糕

horno
名词 烤箱

mantequilla
名词 黄油

crema
名词 奶油

chocolate
名词 巧克力

escultura 名词 雕刻

cincel
名词 雕刻刀

molde
名词 模具

estatua
名词 人像

piedra
名词 石头

alpinismo 名词 爬山

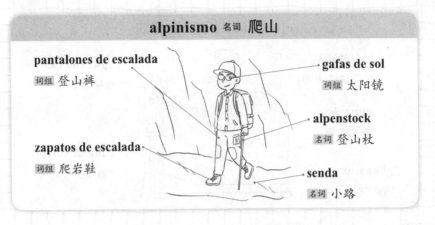

pantalones de escalada
词组 登山裤

zapatos de escalada
词组 爬岩鞋

gafas de sol
词组 太阳镜

alpenstock
名词 登山杖

senda
名词 小路

Acampada 名词 露营

lámpara
名词 灯

olla
名词 锅

carbón
名词 木炭

carpa
名词 帐篷

hoguera
名词 篝火

yoga 名词 瑜伽

flexible
名词 柔韧的

postura
名词 姿势

pelota de yoga
词组 瑜伽球

ropa de yoga
词组 瑜伽服

meditación
名词 冥想

colchoneta de yoga
词组 瑜伽垫

correr 动词 跑步

sudor
名词 汗水

chaleco deportivo
词组 运动背心

pista
名词 跑道

maratón
名词 马拉松赛跑

charlar 动词 聊天

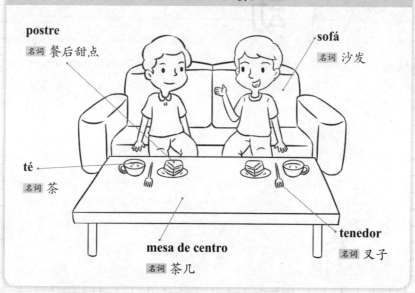

postre
名词 餐后甜点

sofá
名词 沙发

té
名词 茶

tenedor
名词 叉子

mesa de centro
名词 茶几

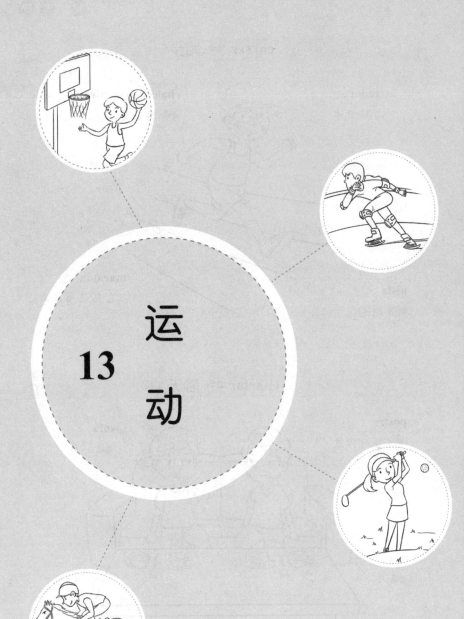

13 运动

deportista 名词 运动员

compañero, ra de equipo
词组 队友

podio
名词 领奖台

partido
名词 比赛

competencia
名词 竞争

premio
名词 奖品

salto de altura 词组 跳高

poste para salto de altura
词组 跳高架

esponja
名词 海绵

saltar
动词 跳

listón
名词 杆

posarse
动词 降落

salto de longitud 词组 跳远

árbitro, tra
名词 裁判

brazo
名词 手臂

foso de arena
词组 沙坑

tabla de batida
词组 起跳板

carrerilla
名词 助跑

corrida 名词 跑步

corredor, ra
名词 跑步者

ropa deportiva
词组 运动衣

campo de atletismo
词组 田径场

ejercicio físico
词组 锻炼

zapatillas para correr
词组 跑鞋

carreras de ballas 词组 跨栏

persistir
动词 坚持

ágil
形容词 灵敏的

superar
动词 跨越

valla
名词 栏杆

correr
动词 跑

navegción 名词 帆船运动

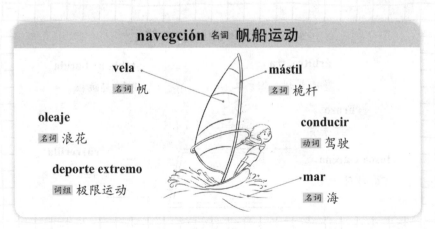

vela
名词 帆

mástil
名词 桅杆

oleaje
名词 浪花

conducir
动词 驾驶

deporte extremo
词组 极限运动

mar
名词 海

tenis de mesa 词组 乒乓球

partido de individuales
词组 单打比赛

raqueta
名词 乒乓球拍

red
名词 球网

mesa
名词 球台

bádminton 名词 羽毛球

raqueta
名词 羽毛球拍

pluma
名词 羽毛

partido de dobles
词组 双打

interior
形容词 室内的

blandir
动词 挥动

baloncesto 名词 篮球

tablero
名词 篮板

canasta
名词 篮筐

donqueo
名词 扣篮

NBA
名词 全美篮球协会

colectivo, va
形容词 集体的

fútbol 名词 足球

campo de fútbol
词组 足球场

meta
名词 球门

delantero, ra
名词 前锋

guardameta
名词 守门员

voleibol 名词 排球

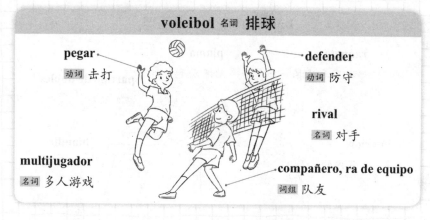

pegar
动词 击打

defender
动词 防守

rival
名词 对手

multijugador
名词 多人游戏

compañero, ra de equipo
词组 队友

rugby 名词 橄榄球

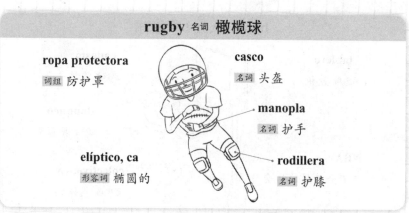

ropa protectora
词组 防护罩

casco
名词 头盔

manopla
名词 护手

elíptico, ca
形容词 椭圆的

rodillera
名词 护膝

béisbol 名词 棒球

táctica
名词 战术

bate de béisbol
词组 棒球棒

base
名词 垒

de madera
词组 木制的

guantes
名词 手套

patinaje 名词 滑冰

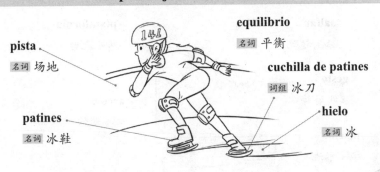

equilibrio
名词 平衡

pista
名词 场地

cuchilla de patines
词组 冰刀

patines
名词 冰鞋

hielo
名词 冰

esquí 名词 滑雪

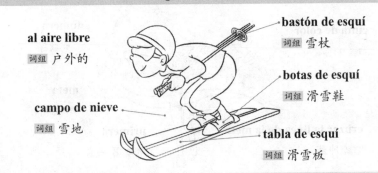

al aire libre
词组 户外的

bastón de esquí
词组 雪杖

botas de esquí
词组 滑雪鞋

campo de nieve
词组 雪地

tabla de esquí
词组 滑雪板

natación 名词 游泳

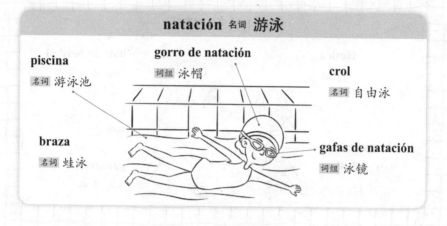

piscina
名词 游泳池

gorro de natación
词组 泳帽

crol
名词 自由泳

braza
名词 蛙泳

gafas de natación
词组 泳镜

salto 名词 跳水

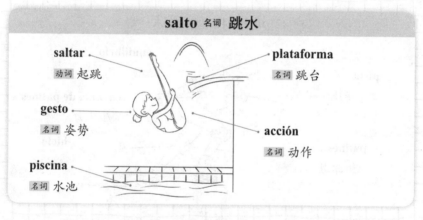

saltar
动词 起跳

plataforma
名词 跳台

gesto
名词 姿势

acción
名词 动作

piscina
名词 水池

maratón 名词 马拉松比赛

cinta de color
词组 彩带

número
名词 数字

meta
名词 终点

cruzar la línea de la meta
词组 冲线

primero
名词 第一名

boxeo 名词 拳击

guantes de boxeo
词组 拳击手套

saco de boxeo
词组 沙袋

entrenar
动词 训练

vendaje
名词（护手）绷带

jugador, ra
名词 运动员

ciclismo 名词 自行车运动

bicicleta
名词 自行车

cadena
名词 链条

rueda
名词 车轮

pedal
名词 踏板

llanta
名词 轮胎

esgrima 名词 击剑

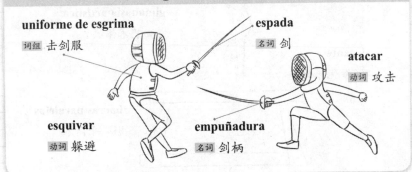

uniforme de esgrima
词组 击剑服

espada
名词 剑

atacar
动词 攻击

esquivar
动词 躲避

empuñadura
名词 剑柄

curling 名词 冰壶

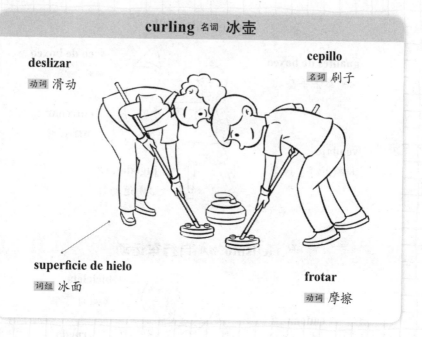

deslizar
动词 滑动

cepillo
名词 刷子

superficie de hielo
词组 冰面

frotar
动词 摩擦

gimnasia 名词 体操

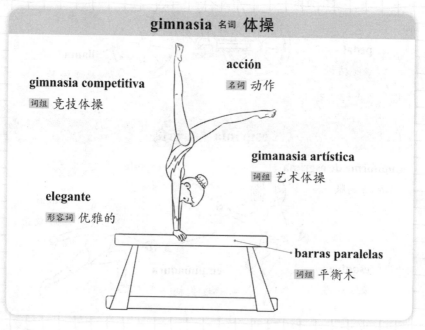

gimnasia competitiva
词组 竞技体操

acción
名词 动作

gimanasia artística
词组 艺术体操

elegante
形容词 优雅的

barras paralelas
词组 平衡木

golf 名词 高尔夫球

palo de golf
词组 球杆

coger
动词 握

césped
名词 草地

agujero
名词 球洞

Juegos Olímpicos 词组 奥林匹克运动会

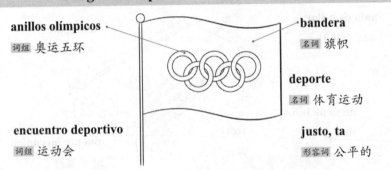

anillos olímpicos
词组 奥运五环

bandera
名词 旗帜

deporte
名词 体育运动

encuentro deportivo
词组 运动会

justo, ta
形容词 公平的

tiro con arco 词组 射箭

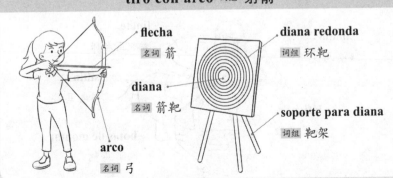

flecha
名词 箭

diana redonda
词组 环靶

diana
名词 箭靶

soporte para diana
词组 靶架

arco
名词 弓

tiro 名词 射击

orejeras
名词 耳罩

apuntar
动词 瞄准

gafas
名词 眼镜

arma de fuego
词组 枪

diana
名词 靶心

billar 名词 台球

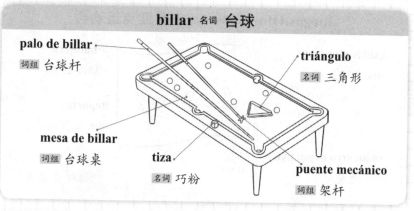

palo de billar
词组 台球杆

triángulo
名词 三角形

mesa de billar
词组 台球桌

tiza
名词 巧粉

puente mecánico
词组 架杆

equitación 名词 马术

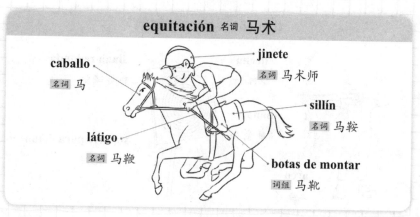

caballo
名词 马

jinete
名词 马术师

sillín
名词 马鞍

látigo
名词 马鞭

botas de montar
词组 马靴

tenis 名词 网球

profesional
形容词 职业的

gorra
名词 帽子

atención
名词 注意力

zapatillas de tenis
词组 网球鞋

halterofilia 名词 举重

barra con pesas
词组 杠铃

músculo
名词 肌肉

coger
动词 紧握

maillot de halterofilia
词组 举重服

fuerte
形容词 有力的

lucha 名词 摔跤

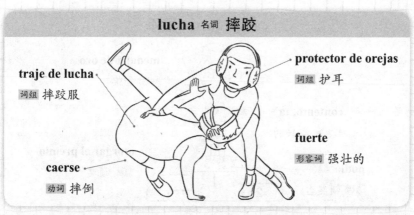

traje de lucha
词组 摔跤服

protector de orejas
词组 护耳

caerse
动词 摔倒

fuerte
形容词 强壮的

judo 名词 柔道

judogi
名词 柔道服

cinturón
名词 腰带

victoria
名词 胜利

fracaso
名词 失败

polo acuático 词组 水球

tirar
动词 投掷

nadar
动词 游泳

marco
名词 门框

deporte acuático
词组 水上运动

meta
名词 球门

campeón 名词 冠军

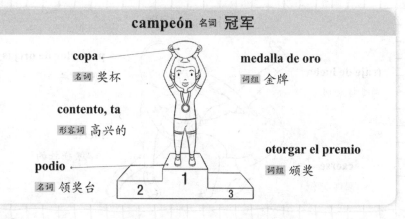

copa
名词 奖杯

contento, ta
形容词 高兴的

podio
名词 领奖台

medalla de oro
词组 金牌

otorgar el premio
词组 颁奖

14

感官与感知

vista 名词 看

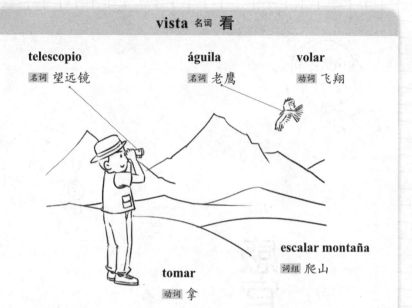

telescopio
名词 望远镜

águila
名词 老鹰

volar
动词 飞翔

escalar montaña
词组 爬山

tomar
动词 拿

visión 名词 视力

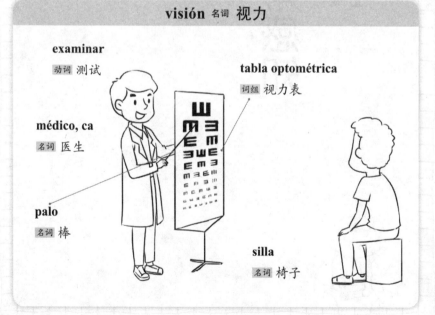

examinar
动词 测试

tabla optométrica
词组 视力表

médico, ca
名词 医生

palo
名词 棒

silla
名词 椅子

brillante 形容词 明亮的

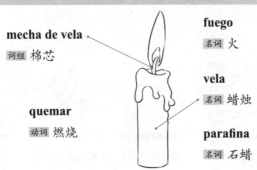

mecha de vela
词组 棉芯

fuego
名词 火

vela
名词 蜡烛

quemar
动词 燃烧

parafina
名词 石蜡

escuchar 动词 听

maravilloso, sa
形容词 美妙的

música
名词 音乐

oír
动词 听见

nota musical
词组 音符

auriculares
名词 耳机

sonido 名词 声音

guitarra
名词 吉他

cantar
动词 演唱

escenario
名词 舞台

cantante
名词 歌手

micrófono
名词 话筒

probar 动词 尝

sabor

名词 味道

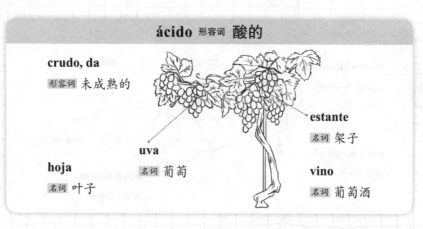

ácido, da
形容词 酸的

dulce
形容词 甜的

amargo, ga
形容词 苦的

picante
形容词 辣的

salado, da
形容词 咸的

ácido 形容词 酸的

crudo, da
形容词 未成熟的

hoja
名词 叶子

uva
名词 葡萄

estante
名词 架子

vino
名词 葡萄酒

dulce 形容词 甜的

caramelo
名词 糖果

contento, ta
形容词 开心的

lamer
动词 舔

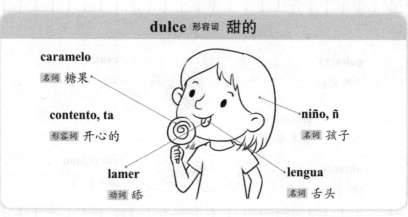

niño, ñ
名词 孩子

lengua
名词 舌头

amargo, ga 形容词 苦的

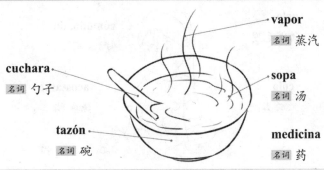

vapor
名词 蒸汽

cuchara
名词 勺子

sopa
名词 汤

tazón
名词 碗

medicina
名词 药

picante 形容词 辛辣的

pimentón
名词 辣椒粉

olla caliente
词组 火锅

chile
名词 红辣椒

pimiento morrón
词组 菜椒

pimienta
名词 胡椒粉

salado, da 形容词 咸的

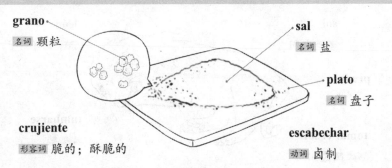

grano
名词 颗粒

sal
名词 盐

plato
名词 盘子

crujiente
形容词 脆的；酥脆的

escabechar
动词 卤制

tocar 动词 摸

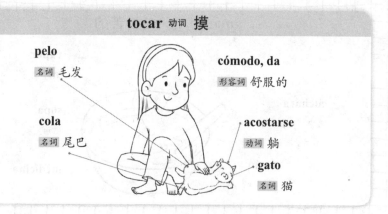

pelo
名词 毛发

cola
名词 尾巴

cómodo, da
形容词 舒服的

acostarse
动词 躺

gato
名词 猫

suave 形容词 柔软的

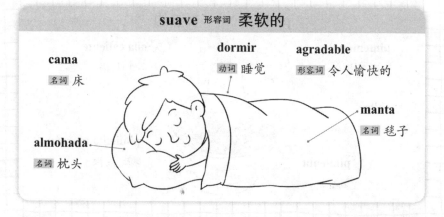

cama
名词 床

dormir
动词 睡觉

agradable
形容词 令人愉快的

manta
名词 毯子

almohada
名词 枕头

relajación 名词 放松

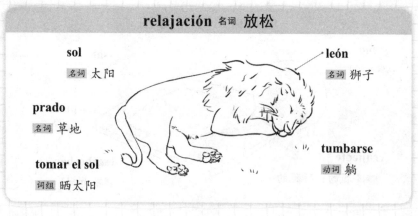

sol
名词 太阳

león
名词 狮子

prado
名词 草地

tumbarse
动词 躺

tomar el sol
词组 晒太阳

caliente 形容词 热的

ventilador
名词 风扇

cable
名词 电线

verano
名词 夏天

camiseta
名词 短袖

pantalones cortos
词组 短裤

templado, da 形容词 暖和的

chimenea
名词 壁炉

mecedora
名词 摇椅

chocolate caliente
词组 巧克力热饮

pijama
名词 (一套) 睡衣裤

manta
名词 毯子

frío, a 形容词 寒冷的

moco
名词 鼻涕

temblar
动词 颤抖

congelarse
动词 冻结

nieve
名词 雪

hielo
名词 冰

limpio, pia 形容词 整洁的

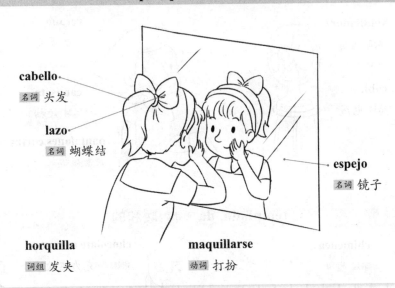

cabello
名词 头发

lazo
名词 蝴蝶结

espejo
名词 镜子

horquilla
词组 发夹

maquillarse
动词 打扮

sentido 名词 感觉

hambriento, ta
形容词 饥饿的

somnoliento, ta
形容词 困倦的

tímido, da
形容词 羞怯的

preocupante
形容词 担心的

solo, la
形容词 孤独的

oler 动词 闻到；嗅到

fragante
形容词 香的；芳香的

aroma
名词 香味

acre
形容词 刺鼻的

ramo de flores
词组 花束

polen
名词 花粉

dolorido, da 形容词 疼痛的

dolor
名词 疼痛；隐痛

cinta
名词 胶带

vendaje
名词 绷带

doloroso, sa
形容词 令人疼痛的

herida
名词 伤口

incómodo, da 形容词 不舒服

fiebre
名词 发烧

termómetro
名词 温度计

mascarilla
名词 口罩

ponerse
动词 戴

feble
形容词 虚弱的

pálido, da 形容词 苍白的

delgado, da
形容词 瘦的

torpe
形容词 不灵活的

enfermo, ma
形容词 生病的

bastón
名词 拐杖

anciano, na
形容词 年老的

cansado, da 形容词 疲惫

aliento
名词 呼吸

sudor
名词 汗

pista
名词 跑道

sentarse
动词 坐

correr
动词 跑步

descuidado, da 形容词 粗心的

caerse
动词 跌倒；落下

roto, ta
形容词 破损的

líquido
名词 液体

romper
动词 破碎

tirante 形容词 紧张的

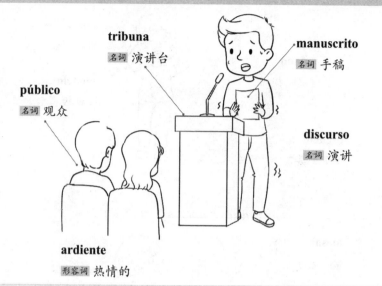

tribuna
名词 演讲台

manuscrito
名词 手稿

público
名词 观众

discurso
名词 演讲

ardiente
形容词 热情的

alegre 形容词 快乐的

familia
名词 家庭

felicidad
名词 幸福

reír
动词 笑

afueras
名词 郊外

picnic
名词 野餐

triste 形容词 伤心的

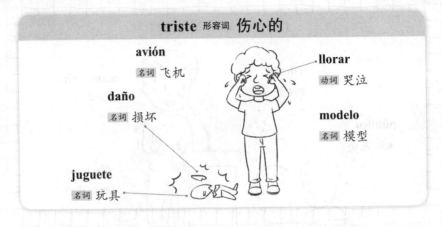

avión
名词 飞机

daño
名词 损坏

juguete
名词 玩具

llorar
动词 哭泣

modelo
名词 模型

enfadado, da 形容词 生气的

mesa
名词 桌子

travieso, sa
形容词 顽皮的

madre
名词 妈妈

jarrón
名词 花瓶

emocionado, da 形容词 兴奋的

vitorear
动词 欢呼

campeón
名词 冠军

podio
名词 领奖台

copa
名词 奖杯

medalla de oro
词组 金牌

deseoso, sa 形容词 渴望的

hueso
名词 骨头

dueño, ña
名词 主人

perro, rra
名词 狗

ver
动词 看

saliva
名词 唾液

confuso, sa 形容词 困惑的

letrero
名词 指示牌

mapa
名词 地图

bosque
名词 森林

encrucijada
名词 岔路口

seleccionar
动词 选择

asombro 名词 震惊

ojo
动词 眼睛

abrir los ojos desmesuradamente
名词 瞪眼

cara
名词 脸

mano
名词 手

grito
动词 尖叫

sorpresa 名词 惊喜

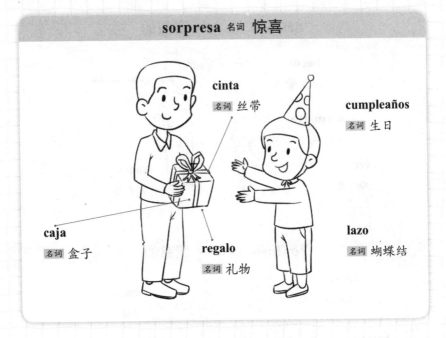

cinta
名词 丝带

cumpleaños
名词 生日

caja
名词 盒子

regalo
名词 礼物

lazo
名词 蝴蝶结

asustado, da 形容词 害怕的

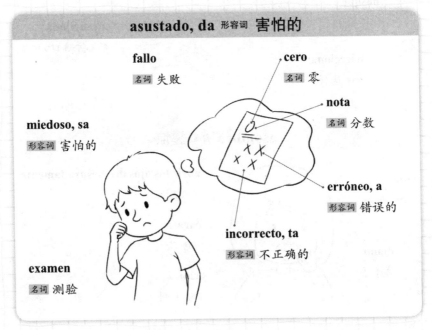

fallo
名词 失败

cero
名词 零

nota
名词 分数

miedoso, sa
形容词 害怕的

erróneo, a
形容词 错误的

incorrecto, ta
形容词 不正确的

examen
名词 测验

月份与节日

15

mes 名词 月份

año
名词 年

2019　　三月

周一	周二	周三	周四	周五	周六	周日
				1	2	3
4 Lucy生日	5	⑥ 惊蛰	7	⑧ 妇女节	9	10
11	⑫ 植树节	13	14	15	16	17
18	19	20	㉑ 春分	22 明日远足	23	24
25	26	27	28	29	30	31

plan
名词 计划

calendario
名词 日历

agenda
名词 日程表

fecha
名词 日期

enero 名词 一月

copo de nieve
词组 雪花

chaqueta guateada
词组 棉袄

muñeco de nieve
词组 雪人

frío, a
形容词 寒冷的

bola de nieve
词组 雪球

febrero 名词 二月

cometa
名词 风筝

hierba
名词 草

lago
名词 湖

brotar
动词 发芽

brisa
名词 微风

marzo 名词 三月

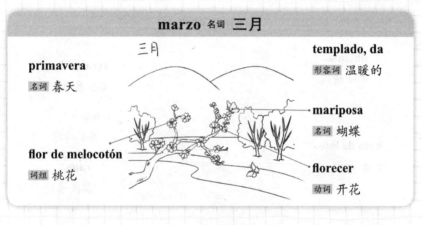

primavera
名词 春天

flor de melocotón
词组 桃花

templado, da
形容词 温暖的

mariposa
名词 蝴蝶

florecer
动词 开花

abril 名词 四月

rosal
名词 蔷薇

cereza
名词 樱桃

maduro, ra
形容词 成熟的

golondrina
名词 燕子

lluvia
名词 雨

mayo 名词 五月

campesino, na
名词 农民

acocharse
动词 弯腰

plantón de arroz
词组 秧苗

arrozal
名词 稻田

trasplantar retoños el arroz
词组 插秧

junio 名词 六月

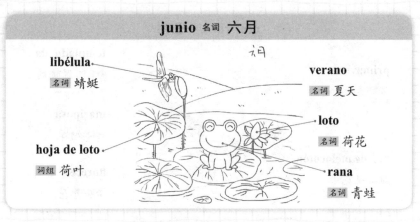

libélula
名词 蜻蜓

hoja de loto
词组 荷叶

verano
名词 夏天

loto
名词 荷花

rana
名词 青蛙

julio 名词 七月

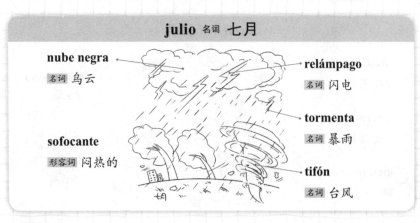

nube negra
名词 乌云

sofocante
形容词 闷热的

relámpago
名词 闪电

tormenta
名词 暴雨

tifón
名词 台风

agosto 名词 八月

soleado, da
形容词 阳光充足的

caluroso, sa
形容词 炎热的

costa
名词 海边，海滨

estación
名词 季节

húmedo, da
形容词 潮湿的

septiembre 名词 九月

otoño
名词 秋季

cosecha
名词 收获

luna
名词 月亮

pastel de luna
名词 月饼

reunión
名词 团圆

octubre 名词 十月

nube blanca
词组 白云

osmanthus
名词 桂花

cielo azul
词组 蓝天

viento
名词 风

fresco, ca
形容词 凉爽的

noviembre 名词 十一月

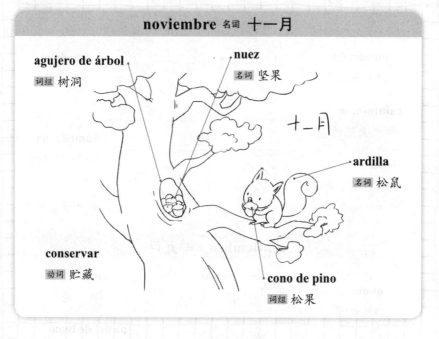

agujero de árbol
词组 树洞

nuez
名词 坚果

ardilla
名词 松鼠

conservar
动词 贮藏

cono de pino
词组 松果

diciembre 名词 十二月

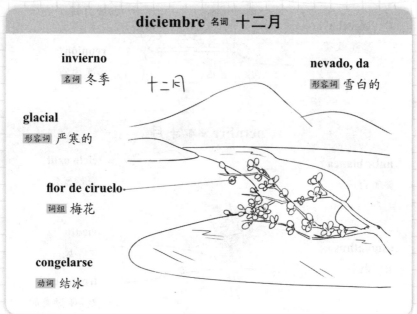

invierno
名词 冬季

nevado, da
形容词 雪白的

glacial
形容词 严寒的

flor de ciruelo
词组 梅花

congelarse
动词 结冰

Año Nuevo Chino 词组 春节

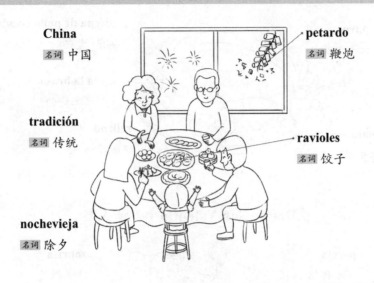

China
名词 中国

petardo
名词 鞭炮

tradición
名词 传统

ravioles
名词 饺子

nochevieja
名词 除夕

Fiesta de los Faroles 词组 元宵节

animado, da
形容词 热闹的

fuego artificial
词组 烟花

tangyuan
词组 汤圆

farol
名词 灯笼

Día de Acción de Gracias 词组 感恩节

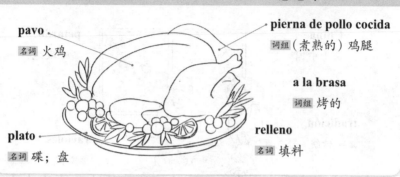

pavo
名词 火鸡

pierna de pollo cocida
词组 （煮熟的）鸡腿

a la brasa
词组 烤的

plato
名词 碟；盘

relleno
名词 填料

Día de San Valentín 词组 情人节

pareja
名词 伴侣

sonrisa
名词 微笑

rosa
名词 玫瑰

amor
名词 爱

regalo
名词 礼物

Día del Árbol 词组 植树节

árbol
名词 树

hoyar
动词 挖坑

pala
名词 铁锹

regar
动词 浇水

balde
名词 桶

Día Internacional de la Mujer 词组 妇女节

ramo de flores
词组 花束

femenino, na
形容词 女性的

hermoso, sa
形容词 美丽的

internacional
形容词 国际的

mujer
名词 女人

Día de los Santos Inocentes 词组 愚人节

payaso, sa
名词 小丑

ridiculizar
动词 愚弄

chiste
名词 玩笑

engañar
动词 欺骗

Día del Niño 词组 儿童节

arco iris
词组 彩虹

vistoso, sa
形容词 鲜艳的

cuidado
名词 照料

globo
名词 气球

niño, ña
名词 儿童

171

Día de la Madre 词组 母亲节

hija
名词 女儿

clavel
名词 康乃馨

hijo
名词 儿子

madre
名词 母亲

acompañar
动词 陪伴

Día del Padre 词组 父亲节

chupachup
名词 棒棒糖

padre
名词 父亲

hombro
名词 肩膀

proteger
动词 保护

paterno, na
形容词 父亲的

Festival del Bote del Dragón 词组 端午节

bote del dragón
词组 龙舟

conmemorar
动词 纪念

partido
名词 比赛

remo
名词 船桨

Zongzi
名词 粽子

Día Nacional 词组 国庆节

país
名词 国家

solemne
形容词 庄严的

desfile militar
词组 阅兵

plaza
名词 广场

ejército
名词 军队

Festival del Doble Nueve 词组 重阳节

respetar
动词 尊重

anciano, na
名词 老人

piedad filial
词组 孝顺的

amable
形容词 和蔼的

Fiesta del Medio Otoño 词组 中秋节

luna
名词 月亮

Chang'e
名词 嫦娥

luz de luna
词组 月光

conejo
名词 兔子

pastel de luna
词组 月饼

Navidad 名词 圣诞节

occidental
形容词 西方的

reno
名词 驯鹿

regalo
名词 礼物

Pápa Noel
名词 圣诞老人

trineo
名词 雪橇

Pascua 名词 复活节

oreja
名词 耳朵

conejo
名词 兔子

cola
名词 尾巴

vistoso, sa
形容词 彩色的

huevo de Pascua
词组 复活节彩蛋

Halloween 名词 万圣节

calabaza
名词 南瓜

fantasma
名词 幽灵

truco
名词 诡计

lámpara de calabaza
词组 南瓜灯

caramelo
名词 糖果

Año Nuevo 词组 元旦

año nuevo
词组 新年

calendario solar
词组 阳历

celebrar
动词 庆祝

jubiloso, sa
形容词 喜庆的

farol
名词 灯笼

Día Internacional de los Trabajadores 词组 劳动节

honor
名词 光荣

llave
名词 扳手

trabajo
名词 劳动

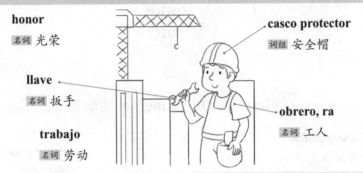

casco protector
词组 安全帽

obrero, ra
名词 工人

Día de la Juventud 词组 青年节

joven
形容词 年轻的

joven
名词 青年

lucha
名词 奋斗

vitalidad
名词 活力

patriótico, ca
形容词 爱国的

175

Día del Profesor 词组 教师节

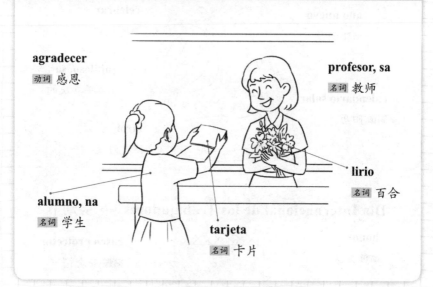

agradecer
动词 感恩

profesor, sa
名词 教师

lirio
名词 百合

alumno, na
名词 学生

tarjeta
名词 卡片

Fiesta de Qingming 词组 清明节

antepasados
名词 祖先

dar el pésame
词组 哀悼

barrer
动词 打扫

ofrenda
名词 祭品

cementerio
名词 墓地

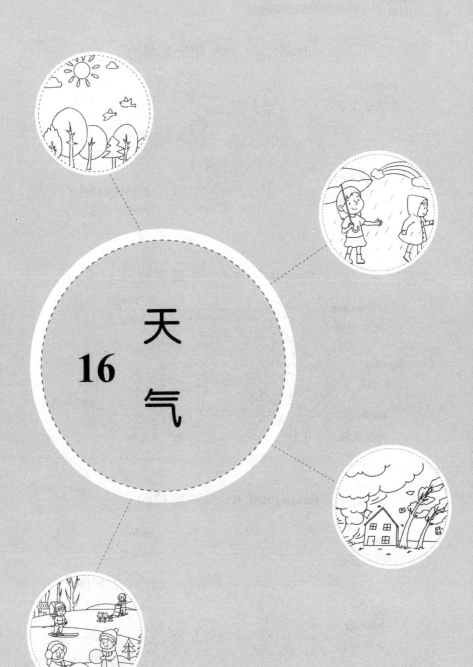

16 天气

soleado, da 形容词 阳光充足的

sombrilla
名词 遮阳伞

asolear
动词 晒

girasol
名词 向日葵

asoleada
名词 晴朗

protector solar
词组 防晒霜

templado, da 形容词 温暖的

chimenea
名词 壁炉

fuego
名词 火

familia
名词 家庭

leña
名词 木柴

noche
名词 夜晚

despejado, da 形容词 晴朗的

azul
形容词 蓝色

cielo
名词 天空

pájaro
名词 鸟

boscaje
名词 树林

volar
动词 飞

nublado, da 形容词 多云的

helicóptero
名词 直升飞机

hélice
名词 螺旋桨

piloto
名词 飞行员

monte
名词 山

capitán
名词 机长

lluvioso, sa 形容词 多雨的

selva
名词 (热带) 雨林

rain forest

Amazon Rain Forest

flood

Amazonas
名词 亚马逊河

rainfall

precipitación
名词 降雨量

rainy season

temporada de lluvias
词组 雨季

inundación
名词 洪水

llover 动词 下雨

paraguas
名词 雨伞

maravilloso, sa
形容词 奇妙的

lluvia
名词 雨水

botas de lluvia
词组 雨鞋

impermeable
名词 雨衣

tronada 名词 雷阵雨

alero
名词 屋檐

abrigo
名词 遮蔽

esconderse
动词 躲藏

de repente
词组 突然地

mojado, da
形容词 湿淋淋

brisa 名词 微风

ventoso, sa
形容词 有微风的

patio
名词 庭院

picnic
名词 野餐

barbacoa
名词 烤肉

parrilla
名词 烧烤架

llovizna 名词 毛毛雨

cisne
名词 天鹅

flotante
形容词 漂浮的

cisne pequeño
词组 小天鹅

lago
名词 湖泊

rebaño
名词 群

tormenta 名词 暴风雨

barco de vapor
词组 蒸汽船

petrel
名词 海燕

ola
名词 海浪

buque
名词 轮船

cubierta
名词 甲板

viento 名词 风

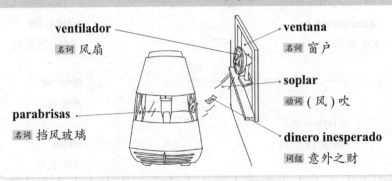

ventilador
名词 风扇

ventana
名词 窗户

soplar
动词（风）吹

parabrisas
名词 挡风玻璃

dinero inesperado
词组 意外之财

ventoso, sa 形容词 有风的

molino del viento
词组 风车

cometa
名词 风筝

línea
名词 线

kitesurf
名词 风筝冲浪

buque de vela
名词 帆船

pronóstico del tiempo 词组 天气预报

dirección del viento
词组 风向

radiación ultravioleta
词组 紫外线

09月06日	周一
多云转小雨	
	15~21℃
	南风微风
	7~8

fecha
名词 日期

región
名词 范围

temperatura
名词 温度

granizo 名词 冰雹

comulonimbos
名词 积雨云

sólido, da
形容词 固体的

golpear
动词 砸

esférico, ca
形容词 球形的

techo
名词 屋顶

tifón 名词 台风

viento fuerte
词组 强风

destruir
动词 破坏

ciclón tropical
词组 热带气旋

azotar
动词 席卷

ojo de tifón
词组 台风眼

tornado 名词 龙卷风

rotación
名词 旋转

destruir
动词 破坏

desastre
名词 灾难

casa
名词 房子

árbol
名词 树木

nevado, da 形容词 多雪的

copo de nieve
词组 雪花

trineo
名词 雪橇

tabla de esquí
词组 滑雪板

nieve
名词 积雪

muñeco de nieve
词组 雪人

aguanieve 名词 雨夹雪

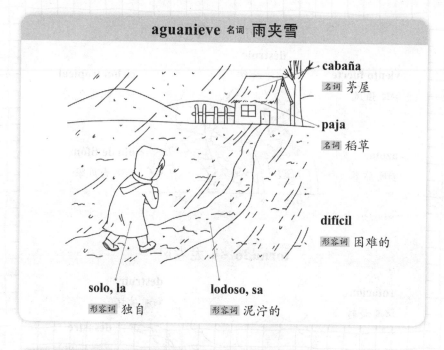

cabaña
名词 茅屋

paja
名词 稻草

difícil
形容词 困难的

solo, la
形容词 独自

lodoso, sa
形容词 泥泞的

cielo nublado 词组 阴天

oscuroso, sa
形容词 阴暗

nube oscura
词组 乌云

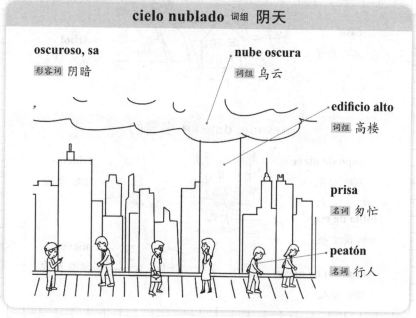

edificio alto
词组 高楼

prisa
名词 匆忙

peatón
名词 行人

niebla contaminante 词组 雾霾

mascarilla
名词 口罩

humo de escape
词组 尾气

tos
名词 咳嗽

polución
名词 污染

gasolina
名词 汽油

niebla 名词 雾

neblinoso, sa
形容词 多雾的

luz de niebla
词组 雾灯

lento, ta
形容词 慢的

con cuidado
词组 小心地

borroso, sa
形容词 模糊的

escarcha 名词 霜

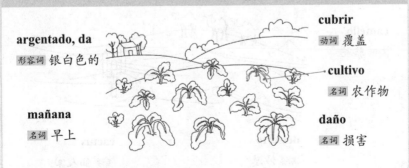

argentado, da
形容词 银白色的

mañana
名词 早上

cubrir
动词 覆盖

cultivo
名词 农作物

daño
名词 损害

nevasca 名词 暴风雪

la Antártida
名词 南极洲

iceberg
名词 冰山

frío
名词 冷

atestado, da
形容词 拥挤

pingüino
名词 企鹅

tormenta de polvo 词组 沙尘暴

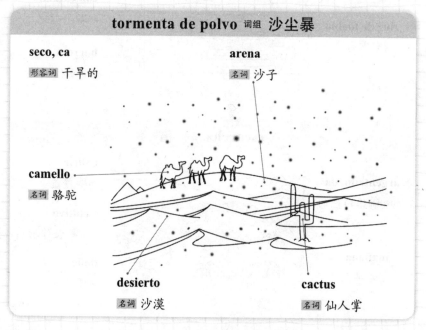

seco, ca
形容词 干旱的

arena
名词 沙子

camello
名词 骆驼

desierto
名词 沙漠

cactus
名词 仙人掌

trueno 名词 打雷

tormenta eléctrica

词组 雷暴

rayo

名词 闪电

pararrayos

名词 避雷针

golpeado por rayo

词组 遭雷击的

casa

名词 房子

frío, a 形容词 凉爽的

al aire libre

词组 户外

bastón de trekking

词组 登山杖

gafas de sol

词组 太阳镜

carpa

名词 帐篷

cita

名词 约会

caliente 形容词 热的

sombra

名词 树荫

aire acondicionado

词组 空调

sudar

动词 流汗

ventilador

名词 电风扇

camiseta

名词 短袖

sequía 名词 干旱

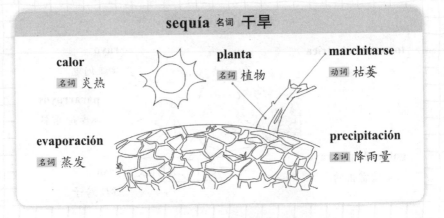

calor
名词 炎热

planta
名词 植物

marchitarse
动词 枯萎

evaporación
名词 蒸发

precipitación
名词 降雨量

lluvia ácida 词组 酸雨

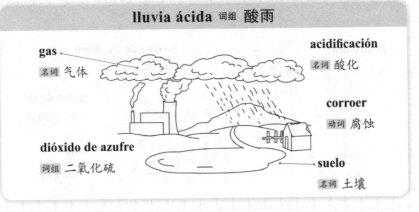

gas
名词 气体

acidificación
名词 酸化

corroer
动词 腐蚀

dióxido de azufre
词组 二氧化硫

suelo
名词 土壤

frío, a 形容词 寒冷的

gripe
名词 感冒

fiebre
名词 发烧

moco
名词 鼻涕

temblar
动词 发抖

congelarse
动词 结冰

tiempo 名词 天气

mapa de nubes
词组 云图

satélite
名词 卫星

pronóstico del tiempo
词组 天气预报

temperatura
名词 温度

meteorólogo, ga
名词 气象员

primavera 名词 春天

mariposa
名词 蝴蝶

abeja
名词 蜜蜂

polen
名词 花粉

brotar
动词 发芽

césped
名词 草地

verano 名词 夏天

nadar
动词 游泳

traje de baño
词组 泳衣

salvavidas
名词 救生圈

toalla de baño
词组 浴巾

piscina
名词 泳池

otoño 名词 秋天

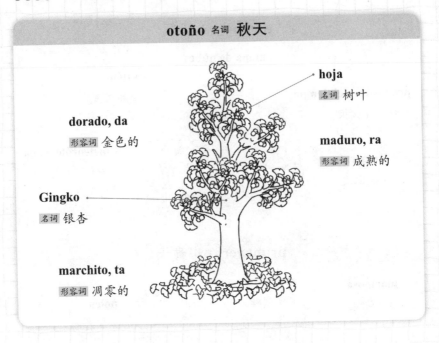

hoja
名词 树叶

dorado, da
形容词 金色的

maduro, ra
形容词 成熟的

Gingko
名词 银杏

marchito, ta
形容词 凋零的

invierno 名词 冬天

gorra
名词 帽子

chaqueta de plumas
词组 羽绒服

bufanda
名词 围巾

guante
名词 手套

seco, ca
形容词 干燥

17

动物

perro 名词 狗

casa de perro
词组 狗舍

mascota
名词 宠物

morder
动词 咬

hueso
名词 骨头

cachorro, rra
名词 小狗

gato 名词 猫

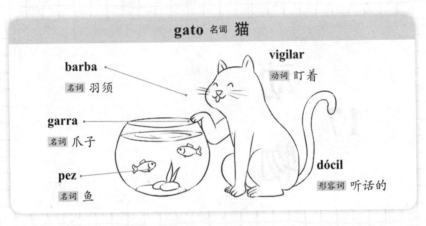

barba
名词 羽须

vigilar
动词 盯着

garra
名词 爪子

pez
名词 鱼

dócil
形容词 听话的

rata 名词 老鼠

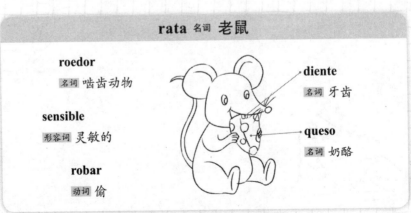

roedor
名词 啮齿动物

diente
名词 牙齿

sensible
形容词 灵敏的

queso
名词 奶酪

robar
动词 偷

ganso, sa 名词 鹅

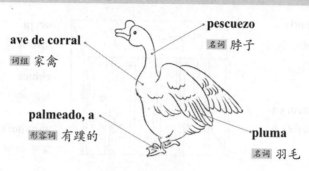

pescuezo
名词 脖子

ave de corral
词组 家禽

palmeado, a
形容词 有蹼的

pluma
名词 羽毛

pato 名词 鸭

anadino, na
名词 小鸭

estanque
名词 池塘

mono, na
形容词 可爱的

parpeo
名词 鸭叫声

pollo 名词 鸡；鸡肉

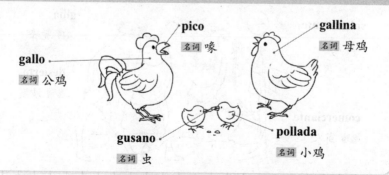

pico
名词 喙

gallina
名词 母鸡

gallo
名词 公鸡

gusano
名词 虫

pollada
名词 小鸡

conejo 名词 兔子

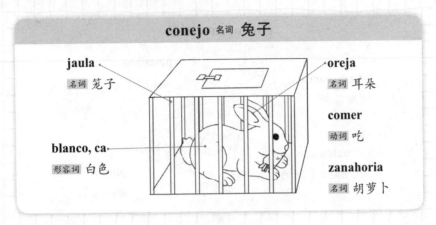

jaula
名词 笼子

blanco, ca
形容词 白色

oreja
名词 耳朵

comer
动词 吃

zanahoria
名词 胡萝卜

yak 名词 牦牛

pelaje
名词 毛

altiplanicie
名词 高原

cuerno
名词 角

pesado, da
形容词 沉重的

lago
名词 湖

camello 名词 骆驼

sol ardiente
词组 烈日

comerciante
名词 商人

giba
名词 驼峰

desierto
名词 沙漠

vaca 名词 奶牛

herbívoro
名词 草食动物

pacer
动词 放牧

granja
名词 农场

leche
名词 牛奶

paja
名词 稻草

cabra 名词 山羊

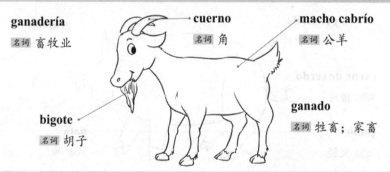

ganadería
名词 畜牧业

cuerno
名词 角

macho cabrío
名词 公羊

bigote
名词 胡子

ganado
名词 牲畜；家畜

oveja 名词 绵羊

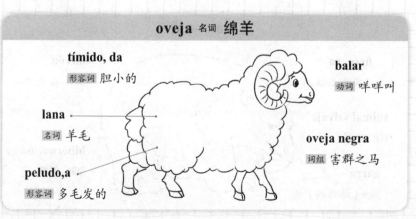

tímido, da
形容词 胆小的

lana
名词 羊毛

peludo,a
形容词 多毛发的

balar
动词 咩咩叫

oveja negra
词组 害群之马

toro 名词 公牛

torear
动词 斗牛

furioso, sa
形容词 发怒的

atacar
动词 猛攻；猛冲

jadear
动词 急促喘息

cerdo, da 名词 猪

gordo, da
形容词 肥胖的

carne de cerdo
词组 猪肉

jamón
名词 火腿

gruñido
名词 猪叫声

pata
名词 蹄

oso 名词 熊

fiero, ra
形容词 凶猛的

animal salvaje
词组 野兽

garra
名词（动物的）爪

marrón
形容词 棕色的

hibernación
名词 冬眠

caballo 名词 马

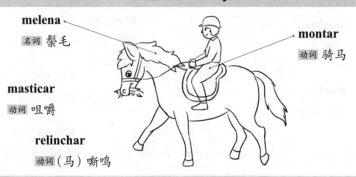

melena
名词 鬃毛

montar
动词 骑马

masticar
动词 咀嚼

relinchar
动词（马）嘶鸣

zorro 名词 狐狸

pelaje
名词 毛

cola
名词 尾巴

astuto, ta
形容词 狡猾的

pavo real 名词 孔雀

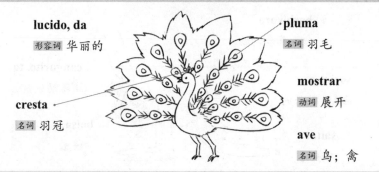

lucido, da
形容词 华丽的

pluma
名词 羽毛

mostrar
动词 展开

cresta
名词 羽冠

ave
名词 鸟；禽

elefante 名词 大象

hocico
名词 鼻

tirar agua
词组 喷水

marfil
名词 象牙

enorme
形容词 庞大的

alto, ta
形容词 高大的

koala 名词 考拉

peludo, da
形容词 多毛发的

mono, na
形容词 可爱的

empuñar
动词 紧握

eucalipto
名词 桉树

abrazar
动词 拥抱

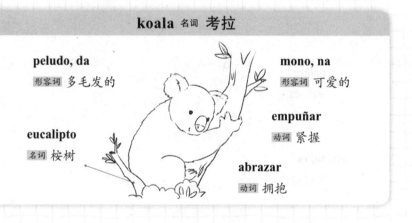

canguro 名词 袋鼠

herbívoro
名词 草食动物

social
形容词 群居的

cangurito, ta
名词 幼袋鼠

bolsa
名词 袋

saltar
动词 跳

erizo 名词 刺猬

espalda
名词 背

espina
名词 刺

defender
动词 防御

encogerse
动词 收缩

esfericidad
名词 球形

mono, na 名词 猴子

rama
名词 树枝

cola
名词 尾巴

saltar
动词 跳

bosque
名词 树林

hábil
形容词 敏捷的

serpiente 名词 蛇

ectotermia
词组 冷血动物

venenoso, sa
形容词 有毒的

cobra
名词 眼镜蛇

cueva
名词 洞穴

liso, sa
形容词 光滑的

león 名词 狮子

rugido
名词 吼叫声

melena
名词 鬃毛

macho
形容词 雄性的

peligroso, sa
形容词 危险的

salvaje
形容词 野生的

tigre 名词 老虎

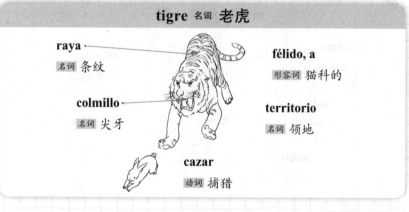

raya
名词 条纹

félido, a
形容词 猫科的

colmillo
名词 尖牙

territorio
名词 领地

cazar
动词 捕猎

lobo, ba 名词 狼

luna
名词 月亮

camívoro,ra
形容词 食肉的

rugir
动词 吼叫

medianoche
名词 午夜

feroz
形容词 凶猛的

otarinos 名词 海狮

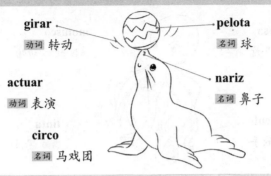

girar
动词 转动

pelota
名词 球

actuar
动词 表演

nariz
名词 鼻子

circo
名词 马戏团

morrocoyo 名词 陆龟

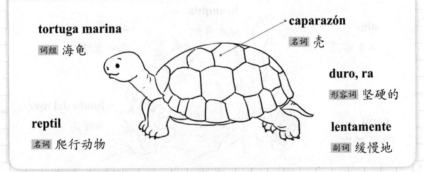

tortuga marina
词组 海龟

caparazón
名词 壳

duro, ra
形容词 坚硬的

reptil
名词 爬行动物

lentamente
副词 缓慢地

medusa 名词 水母

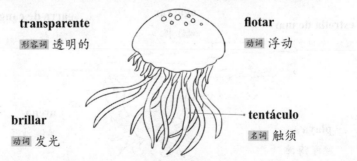

transparente
形容词 透明的

flotar
动词 浮动

brillar
动词 发光

tentáculo
名词 触须

pulpo 名词 **章鱼**

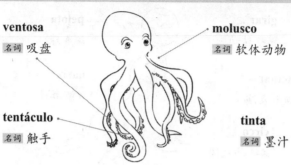

ventosa
名词 吸盘

molusco
名词 软体动物

tentáculo
名词 触手

tinta
名词 墨汁

pez 名词 **鱼**

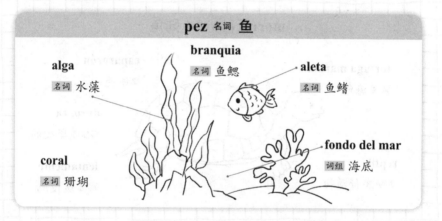

branquia
名词 鱼鳃

alga
名词 水藻

aleta
名词 鱼鳍

coral
名词 珊瑚

fondo del mar
词组 海底

cangrejo 名词 **螃蟹**

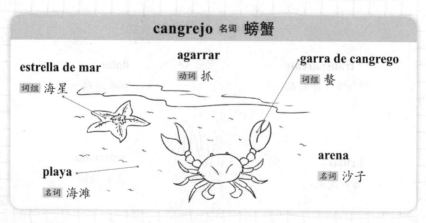

agarrar
动词 抓

estrella de mar
词组 海星

garra de cangrego
词组 螯

playa
名词 海滩

arena
名词 沙子

gaviota 名词 海鸥

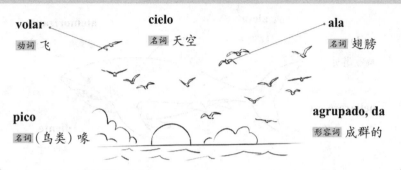

volar
动词 飞

cielo
名词 天空

ala
名词 翅膀

pico
名词 (鸟类) 喙

agrupado, da
形容词 成群的

delfín 名词 海豚

saltar
动词 跳

inteligente
形容词 聪明的

mamífero
名词 哺乳动物

océano
名词 海洋

ballena 名词 鲸鱼

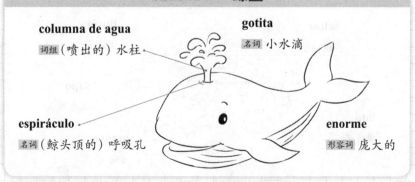

columna de agua
词组 (喷出的) 水柱

gotita
名词 小水滴

espiráculo
名词 (鲸头顶的) 呼吸孔

enorme
形容词 庞大的

tiburón 名词 鲨鱼

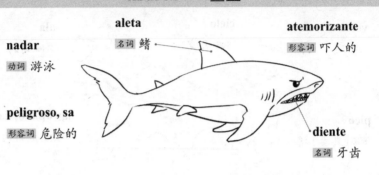

aleta
名词 鳍

atemorizante
形容词 吓人的

nadar
动词 游泳

peligroso, sa
形容词 危险的

diente
名词 牙齿

águila 名词 老鹰

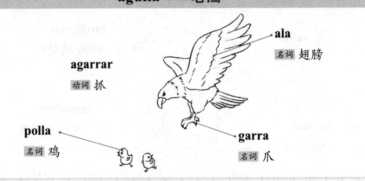

ala
名词 翅膀

agarrar
动词 抓

polla
名词 鸡

garra
名词 爪

rana 名词 青蛙

saltar
动词 跳

lluvia
名词 雨

sapo
名词 蟾蜍

loto
名词 荷花

arroyo
名词 小溪

mariposa 名词 蝴蝶

gusano
名词 毛毛虫

bonito, ta
形容词 美丽的

hierba
名词 草

convertirse
动词 变成

bailar
动词 舞蹈

gusanos de seda
词组 家蚕

geco 名词 壁虎

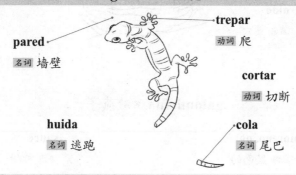

pared
名词 墙壁

huida
名词 逃跑

trepar
动词 爬

cortar
动词 切断

cola
名词 尾巴

ardilla 名词 松鼠

agujero del árbol
词组 树洞

almacenar
动词 贮藏

otoño
名词 秋季

nuez
名词 坚果

marrón
形容词 棕色的

gorrión 名词 麻雀

gusano
名词 虫子

abrir
动词 张开

criar
动词 喂养

pico
名词 嘴

nido
名词 巢穴

golondrina 名词 燕子

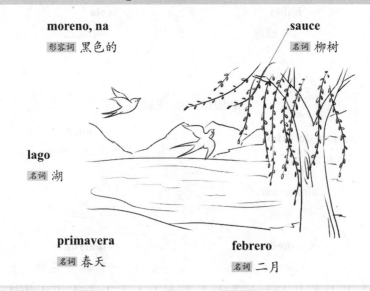

moreno, na
形容词 黑色的

sauce
名词 柳树

lago
名词 湖

primavera
名词 春天

febrero
名词 二月

abeja 名词 蜜蜂

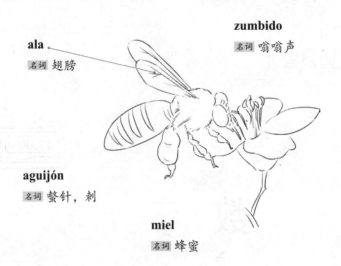

ala
名词 翅膀

zumbido
名词 嗡嗡声

aguijón
名词 螫针，刺

miel
名词 蜂蜜

araña 名词 蜘蛛

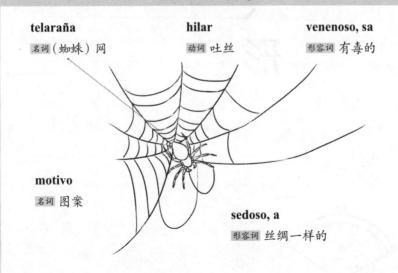

telaraña
名词（蜘蛛）网

hilar
动词 吐丝

venenoso, sa
形容词 有毒的

motivo
名词 图案

sedoso, a
形容词 丝绸一样的

数、量、形

18

número cardinal 词组 基数

calculador, ra
名词 计算器

número
名词 数字

cero
基数词 零

uno
基数词 一

dos
基数词 二

tres
基数词 三

cuatro
基数词 四

cinco
基数词 五

seis
基数词 六

siete
基数词 七

ocho
基数词 八

nueve
基数词 九

diez
基数词 十

once
基数词 十一

doce
基数词 十二

cien
基数词 一百

número ordinal 词组 **序数词**

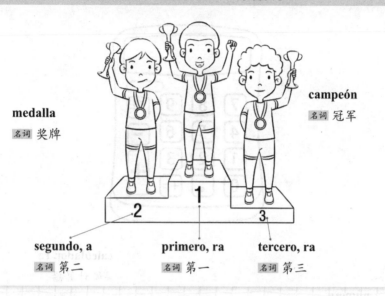

medalla

名词 奖牌

campeón

名词 冠军

segundo, a

名词 第二

primero, ra

名词 第一

tercero, ra

名词 第三

peso 名词 **重量**

balanza electrónica

词组 电子秤

preciso, sa

形容词 精确的

kilo

名词 公斤

2.00 kg

carnicería

名词 肉店

carne de cerdo

词组 猪肉

fracción 名词 分数

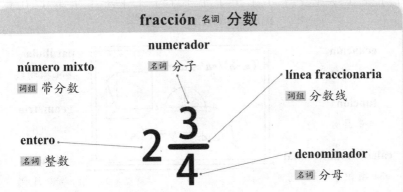

numerador
名词 分子

número mixto
词组 带分数

línea fraccionaria
词组 分数线

entero
名词 整数

denominador
名词 分母

$2\dfrac{3}{4}$

decimal 名词 小数

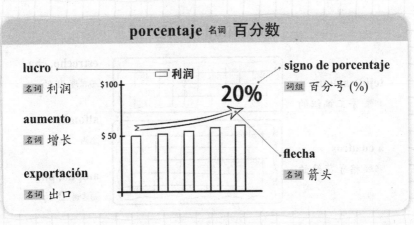

decimal finito
词组 有限小数

número real
词组 实数

decimal infinito
词组 无限小数

número irracional
词组 无理数

3.14

punto decimal
词组 小数点

porcentaje 名词 百分数

lucro
名词 利润

signo de porcentaje
词组 百分号 (%)

aumento
名词 增长

exportación
名词 出口

flecha
名词 箭头

利润

$100
$50

20%

matemáticas 名词 数学

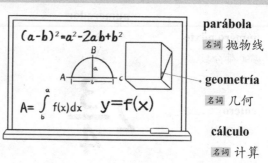

ecuación
名词 方程式

función
名词 函数

cálculo infinitesimal
词组 微积分

parábola
名词 抛物线

geometría
名词 几何

cálculo
名词 计算

$$(a-b)^2 = a^2 - 2ab + b^2$$

$$A = \int_b^a f(x)dx \qquad y = f(x)$$

longitud 名词 长度

corto, ta
形容词 短的

largo, ga
形容词 长的

medir
动词 测量

lápiz
名词 铅笔

regla
名词 尺子

5 cm

amplitud 名词 宽度

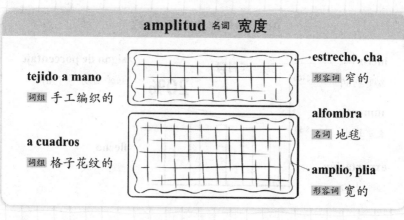

tejido a mano
词组 手工编织的

a cuadros
词组 格子花纹的

estrecho, cha
形容词 窄的

alfombra
名词 地毯

amplio, plia
形容词 宽的

tamaño 名词 尺寸

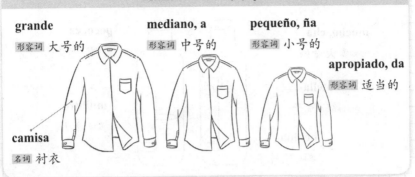

grande
形容词 大号的

mediano, a
形容词 中号的

pequeño, ña
形容词 小号的

apropiado, da
形容词 适当的

camisa
名词 衬衣

volumen 名词 音量

electrónica de audio
名词 音响

ajustar
动词 调节

en voz alta
词组 大声的

susurro
名词 耳语

llave
名词 按键

espesor 名词 厚度

enciclopedia
名词 百科全书

百科全书

漫画

libro de cómics
词组 漫画书

comparación
名词 对比

grueso
名词 厚度

delgado, da
形容词 薄的

capacidad 名词 容量

mucho, cha
形容词 大量的

poco, ca
形容词 少量的

botella
名词 瓶子

mililitro
名词 毫升

bebida
名词 饮料

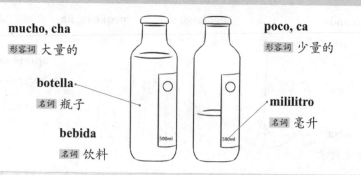

velocidad 名词 速度

gecónidos
名词 壁虎科

lento, ta
形容词 慢的

rápido, da
形容词 快的

gatear
动词 爬行

caracol
名词 蜗牛

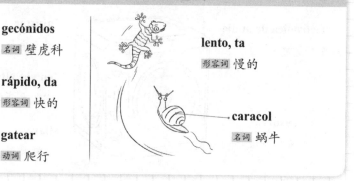

trapecio 名词 梯形

trapecio isósceles
词组 等腰梯形

doblar
动词 折叠，对折

línea mediana
词组 中位线

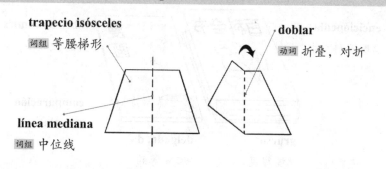

sector 名词 扇形

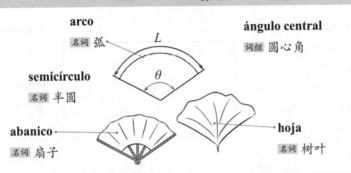

arco
名词 弧

L

ángulo central
词组 圆心角

θ

semicírculo
名词 半圆

abanico
名词 扇子

hoja
名词 树叶

triángulo 名词 三角形

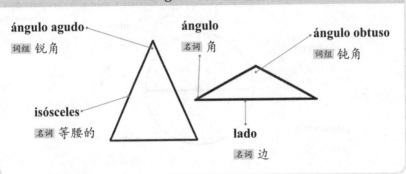

ángulo agudo
词组 锐角

ángulo
名词 角

ángulo obtuso
词组 钝角

isósceles
名词 等腰的

lado
名词 边

cuadrado 名词 正方形

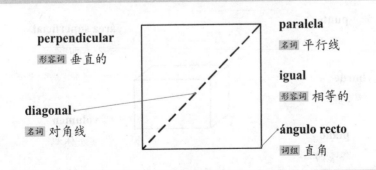

perpendicular
形容词 垂直的

paralela
名词 平行线

igual
形容词 相等的

diagonal
名词 对角线

ángulo recto
词组 直角

rectángulo 名词 长方形

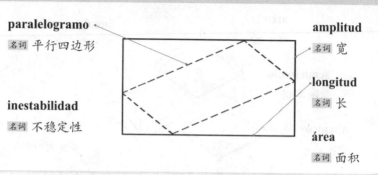

paralelogramo
名词 平行四边形

amplitud
名词 宽

longitud
名词 长

inestabilidad
名词 不稳定性

área
名词 面积

círculo 名词 圆形

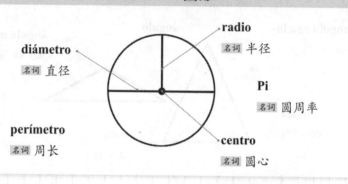

radio
名词 半径

diámetro
名词 直径

Pi
名词 圆周率

perímetro
名词 周长

centro
名词 圆心

cuboide 名词 长方体

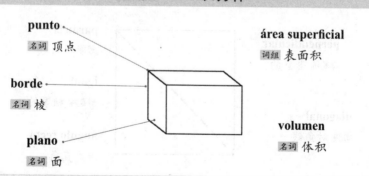

punto
名词 顶点

área superficial
词组 表面积

borde
名词 棱

volumen
名词 体积

plano
名词 面

19

职业

médico, ca 名词 医生

quirófano

名词 手术室

primeros auxilios

词组 急救

operación

名词 手术

enfermo, ma

名词 病人

herido, da

形容词 受伤的

enfermero, ra 名词 护士

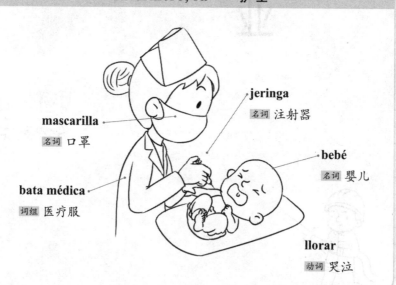

jeringa

名词 注射器

mascarilla

名词 口罩

bebé

名词 婴儿

bata médica

词组 医疗服

llorar

动词 哭泣

dentista 名词 牙医

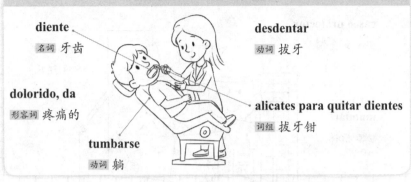

diente
名词 牙齿

dolorido, da
形容词 疼痛的

tumbarse
动词 躺

desdentar
动词 拔牙

alicates para quitar dientes
词组 拔牙钳

veterinario, ría 名词 兽医

débil
形容词 虚弱的

enfermedad
名词 病，疾病

mascota
名词 宠物

tratar
动词 治疗

examinar
动词 检查

funcionario, ria 名词 公务员

uniforme
名词 制服

caluroso, sa
形容词 热情的

masas
名词 群众

ayudar
动词 帮助

pregunta
名词 问题

ingeniero, ra 名词 工程师

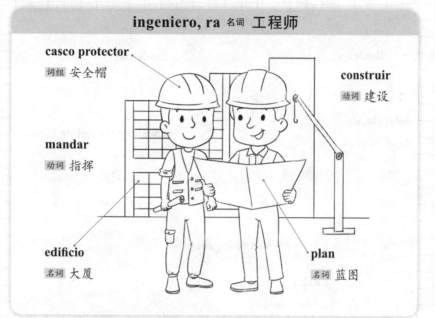

casco protector
词组 安全帽

construir
动词 建设

mandar
动词 指挥

edificio
名词 大厦

plan
名词 蓝图

abogado 名词 律师

tribunal
名词 法院

juez
名词 法官

ley
名词 法律

acusado, da
名词 被告

acusador, ra
名词 原告

chófer 名词 司机

camión
名词 卡车

mercancía
名词 货物

volante
名词 方向盘

transportar
动词 运输

autopista
名词 高速公路

cocinero, ra 名词 厨师

gorro de cocinero
词组 厨师帽

cocina
名词 厨房

pala
名词 锅铲

uniforme de chef
词组 厨师服

sabroso, sa
形容词 味道好的

camarero, ra 名词 服务员

servir
动词 招待

restaurante
名词 餐厅

guiar
动词 指引

delantal
名词 围裙

periodista 名词 新闻从业者

noticia
名词 新闻

reportero, ra
名词 记者

transmitir
动词 报道

micrófono
名词 话筒

entrevista
名词 采访

cartero, ra 名词 邮递员

escribir
动词 写信

periódico
名词 报纸

enviar
动词 投递

sobre
名词 信封

bicicleta, biciclo
名词 自行车

soldado 名词 军人

Ejército de Tierra
名词 陆军

armada
名词 海军

saludar
动词 敬礼

Ejército del Aire
词组 空军

solemne
形容词 庄严的

programador, ra 名词 程序员

Internet
名词 互联网

oficina
名词 办公室

código
名词 代码

concienzudo, da
形容词 专心的

ordenador
名词 电脑

contador, ra 名词 会计

calcular
动词 计算

asuntos financieros
词组 财务

concienzudo, da
形容词 认真的

formulario
名词 报表

calculadora
名词 计算器

guía 名词 导游

turista
名词 游客

lugar turístico
词组 旅游景点

bandera
名词 旗帜

altavoz
名词 喇叭

explicar
动词 讲解

policía 名词 警察

uniforme de policía
词组 警服

coche de policía
词组 警车

perseguir
动词 追赶

escapar
动词 逃跑

delincuente
名词 罪犯

bombero 名词 消防员

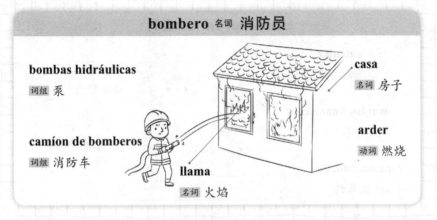

bombas hidráulicas
词组 泵

casa
名词 房子

camíon de bomberos
词组 消防车

arder
动词 燃烧

llama
名词 火焰

diseñador, ra 名词 设计师

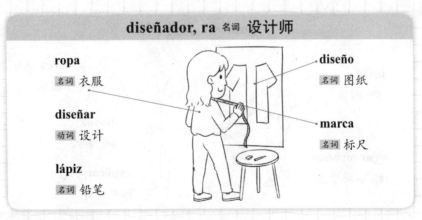

ropa
名词 衣服

diseño
名词 图纸

diseñar
动词 设计

marca
名词 标尺

lápiz
名词 铅笔

dependiente 名词 售货员

mercancía
名词 商品

estante
名词 架子

vender
动词 出售

cliente
名词 顾客

hospitalario, ria
形容词 热情

actor, actriz 名词 演员

actor
名词 男演员

actuar
动词 表演

ópera
名词 歌剧

actriz
名词 女演员

espectador, ra
名词 观众

profesor, ra 名词 教师

pizarra
名词 黑板

plataforma
名词 讲台

aula
名词 教室

enseñar
动词 教

estudiante
名词 学生

cantante 名词 歌手

canción
名词 歌曲

melodía
名词 旋律

voz
名词 声音

melodioso, sa
形容词 悦耳的

cantar
动词 演唱

editor, ra 名词 编辑

manuscrito
名词 手稿；原稿

editorial
名词 出版社

cuidadosamente
副词 细心地

editar
动词 出版

impresión
名词 印刷

escritor, ra 名词 作家

lector, ra
名词 读者

publicar por entregas
词组 连载

novela
名词 小说

famoso, sa
形容词 著名的

escribir
动词 写

limpiador, ra 名词 清洁工

limpieza
名词 清洁

hoja caída
词组 落叶

duro, ra
形容词 辛苦的

escoba
名词 扫帚

basura
名词 垃圾

reparador, ra 名词 修理工

automóvil
名词 汽车

reparar
动词 修理

capó
名词 发动机盖

tornillo
名词 螺丝

llave
名词 扳手

comerciante 名词 商人

patrón, ona
名词 老板

secretario, ria
名词 秘书

reunión
名词 会议

inteligente
形容词 精明的

empresa
名词 企业

buzo 名词 潜水员

océano
名词 海洋

tortuga marina
词组 海龟

coral
名词 珊瑚

escafandra
名词 潜水服

botella de oxígeno
词组 氧气瓶

obrero, ra 名词 工人

martillo
名词 锤子

clavo
名词 钉子

labor
名词 劳动

fábrica
名词 工厂

trabajador, ra
形容词 勤劳的

campesino, na 名词 农民

granja
名词 农场

campo
名词 农村

gallo
名词 公鸡

gallina
名词 母鸡

pato
名词 鸭

ganso, sa
名词 鹅

bailarín, ina 名词 舞蹈家

rumba
名词 伦巴舞

danza latina
词组 拉丁舞

traje
名词 演出服

apasionado, da
形容词 热情的

romántico, ca
形容词 浪漫的

artista 名词 画家；艺术家

pintar
动词 绘画

tablero de dibujo
词组 绘画板

pincel
名词 画笔

pigmento
名词 颜料

paleta
名词 调色板

curriculum vitae 词组 简历

educación
名词 教育

experiencia
名词 经历

habilidad
名词 技能

fotografía
名词 照片

limpio, pia
形容词 干净的

recompensa 名词 报酬

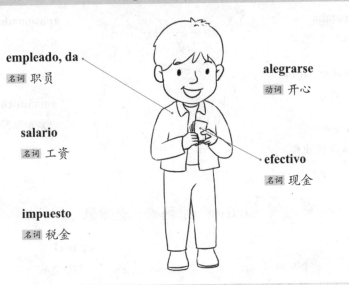

empleado, da
名词 职员

salario
名词 工资

impuesto
名词 税金

alegrarse
动词 开心

efectivo
名词 现金

reclutamiento 名词 招聘

entrevistado, da
名词 面试者

entrevistador, ra
名词 面试官

nervioso, sa
形容词 紧张的

presentarse
动词 自我介绍

pasar
动词 通过

疾
20
病

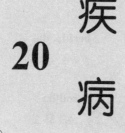

enfermedad 名词 疾病

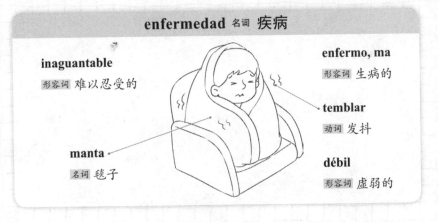

inaguantable

形容词 难以忍受的

manta

名词 毯子

enfermo, ma

形容词 生病的

temblar

动词 发抖

débil

形容词 虚弱的

dolor 名词 疼痛

dolorido, da

形容词 疼痛的

herida

名词 伤口

sangrar

动词 流血

herido, da

形容词 受伤的

rodilla

名词 膝盖

tos 名词 咳嗽

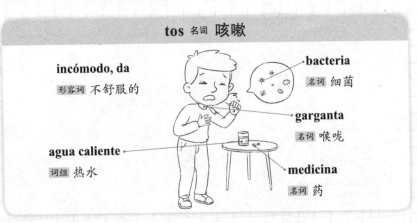

incómodo, da

形容词 不舒服的

agua caliente

词组 热水

bacteria

名词 细菌

garganta

名词 喉咙

medicina

名词 药

gripe 名词 流行性感冒

moco
名词 鼻涕

frío, a
形容词 冷的

papel higiénico
名词 卫生纸

infección
名词 感染

estornudo
名词 打喷嚏

dolor de cabeza 词组 头痛

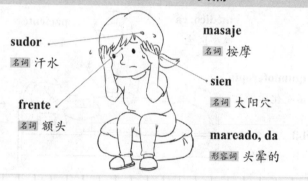

sudor
名词 汗水

frente
名词 额头

masaje
名词 按摩

sien
名词 太阳穴

mareado, da
形容词 头晕的

fiebre 名词 发烧

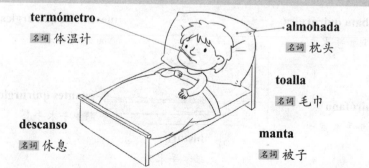

termómetro
名词 体温计

descanso
名词 休息

almohada
名词 枕头

toalla
名词 毛巾

manta
名词 被子

dolor de estómago 词组 胃痛

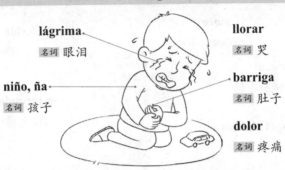

lágrima
名词 眼泪

llorar
名词 哭

niño, ña
名词 孩子

barriga
名词 肚子

dolor
名词 疼痛

cáncer 名词 癌症

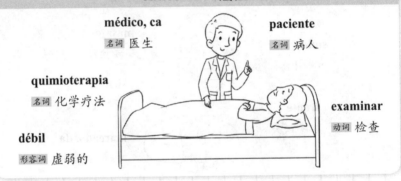

médico, ca
名词 医生

paciente
名词 病人

quimioterapia
名词 化学疗法

examinar
动词 检查

débil
形容词 虚弱的

operación 名词 手术

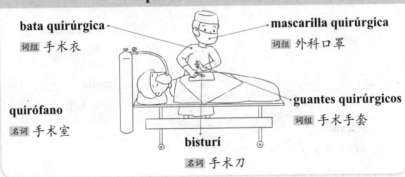

bata quirúrgica
词组 手术衣

mascarilla quirúrgica
词组 外科口罩

quirófano
名词 手术室

guantes quirúrgicos
词组 手术手套

bisturí
名词 手术刀

21

文
具

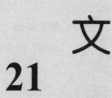

lápiz 名词 铅笔

negro, gra
形容词 黑色的

de madera
词组 木制的

mina de lápiz
词组 铅笔芯

papel de examen
词组 试卷

examen
名词 考试

pincel 名词 毛笔

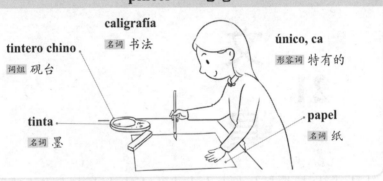

caligrafía
名词 书法

tintero chino
词组 砚台

tinta
名词 墨

único, ca
形容词 特有的

papel
名词 纸

crayón 名词 蜡笔

dibujar
动词 绘画

tablero de dibujo
词组 画板

crear
动词 创作

borrador
名词 橡皮

multicolor
形容词 彩色的

pluma 名词 钢笔

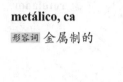

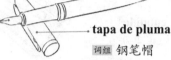

metálico, ca
形容词 金属制的

tinta
名词 墨水

fluido, da
形容词 流畅的

punta de pluma
词组 钢笔尖

tapa de pluma
词组 钢笔帽

subrayador 名词 荧光笔

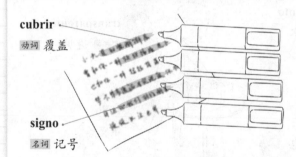

cubrir
动词 覆盖

destacar
动词 使醒目，使突出

agente fluorescente
词组 荧光剂

signo
名词 记号

tiza 名词 粉笔

pizarra
名词 黑板

borrable
形容词 可擦的

profesor, ra
名词 老师

plataforma
名词 讲台

polvo
名词 粉尘

estuche escolar 词组 文具盒

motivo
名词 图案

de hierro
词组 铁的

cuboide
名词 长方体

rotulador
名词 马克笔

bolígrafo
名词 圆珠笔

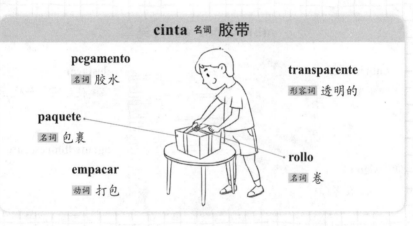

cinta 名词 胶带

pegamento
名词 胶水

paquete
名词 包裹

empacar
动词 打包

transparente
形容词 透明的

rollo
名词 卷

borrador 名词 橡皮

goma
名词 橡胶

desaparecer
动词 消失

rectángulo
名词 长方形

borrar
动词 擦

miga
名词 碎屑

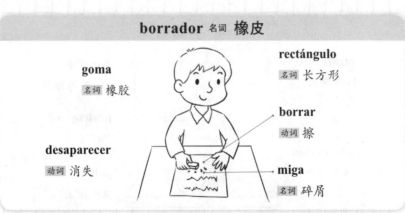

sacapuntas 名词 卷笔刀

girar
动词 转动

mango
名词 手柄

plástico, ca
形容词 塑料制的

manual
形容词 用手操作的

cajón
名词 抽屉

tijera 名词 剪刀

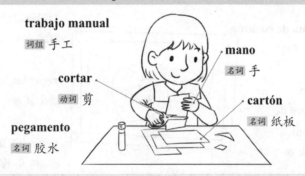

trabajo manual
词组 手工

cortar
动词 剪

pegamento
名词 胶水

mano
名词 手

cartón
名词 纸板

cuchilla 名词 美工刀

concentración
名词 集中

esculpir
动词 雕刻

hoja
名词 刀片

escultura
名词 雕塑

arcilla
名词 黏土

cuaderno 名词 笔记本

concienzudo, da
形容词 认真的

gafas
名词 眼镜

notar
动词 记录

línea
名词 直线

nota
名词 笔记

nota adhesiva 词组 便笺

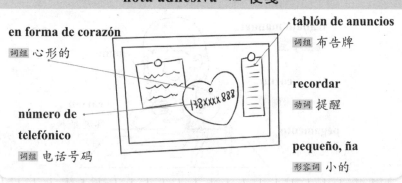

en forma de corazón
词组 心形的

tablón de anuncios
词组 布告牌

recordar
动词 提醒

número de telefónico
词组 电话号码

pequeño, ña
形容词 小的

diccionario 名词 词典

Diccionario Inglés-Chino
词组 英汉词典

traducción
名词 翻译

consultar
动词 查询

libro de referencia
词组 参考书

explicación
名词 解释

calculadora 名词 计算器

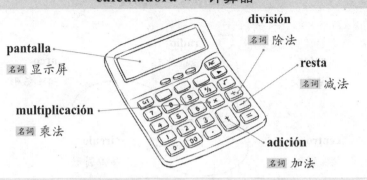

pantalla
名词 显示屏

multiplicación
名词 乘法

división
名词 除法

resta
名词 减法

adición
名词 加法

ábaco 名词 算盘

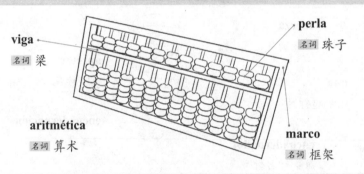

viga
名词 梁

perla
名词 珠子

aritmética
名词 算术

marco
名词 框架

regla 名词 直尺

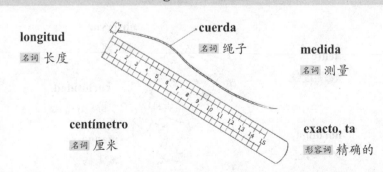

longitud
名词 长度

cuerda
名词 绳子

medida
名词 测量

centímetro
名词 厘米

exacto, ta
形容词 精确的

compás 名词 圆规

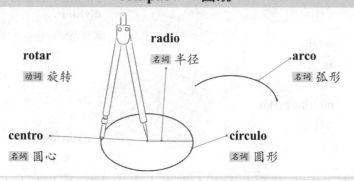

rotar
动词 旋转

radio
名词 半径

arco
名词 弧形

centro
名词 圆心

círculo
名词 圆形

grapadora 名词 订书机

fuerza
名词 力气

apretar
动词 按压

uña
名词 起钉器

encuadernación
名词 装订

encuadernador
名词 订书钉

lupa 名词 放大镜

observar
动词 观察

lente
名词 透镜

curiosidad
名词 好奇心

hormiga
名词 蚂蚁

mango
名词 柄

paleta 名词 调色板

pintor, ra
名词 画家

pincel
名词 画笔

lienzo
名词 画布

caballete
名词 画架

pigmento
名词 颜料

mochila 名词 书包

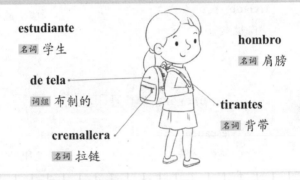

estudiante
名词 学生

hombro
名词 肩膀

de tela
词组 布制的

tirantes
名词 背带

cremallera
名词 拉链

globo terráqueo 词组 地球仪

continente
名词 大陆

modelo
名词 模型

océano
名词 海洋

tierra
名词 地球

reducción
名词 缩小

ordenador 名词 电脑

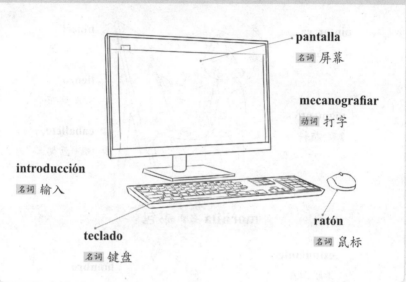

pantalla
名词 屏幕

mecanografiar
动词 打字

introducción
名词 输入

teclado
名词 键盘

ratón
名词 鼠标

impresora 名词 打印机

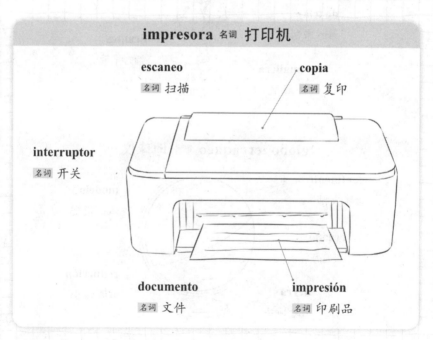

escaneo
名词 扫描

copia
名词 复印

interruptor
名词 开关

documento
名词 文件

impresión
名词 印刷品

家

22

庭

familia 名词 家庭

foto
名词 照片

sonreír
动词 微笑

sofá
名词 沙发

bebé
名词 婴儿

muñeco
名词 洋娃娃

matrimonio 名词 婚姻

iglesia
名词 教堂

novio
名词 新郎

novia
名词 新娘

boda
名词 婚礼

anillo
名词 戒指

abuela 名词 祖母；外祖母

silla
名词 椅子

gafas de présbitas
词组 老花镜

tejer
动词 编织

bola de lana
词组 毛线团

cesta
名词 筐

abuelo 名词 祖父；外祖父

periódico
名词 报纸

progenitor, ra
名词 长辈

cabello
名词 头发

amable
形容词 慈祥的

gris
形容词 灰白的

padres 名词 父母亲

marido
名词 丈夫

padre
名词 爸爸

esposa
名词 妻子

madre
名词 妈妈

cariño
名词 亲密

bebé 名词 婴儿

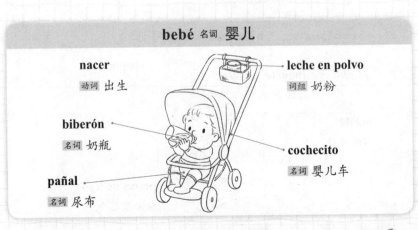

nacer
动词 出生

biberón
名词 奶瓶

pañal
名词 尿布

leche en polvo
词组 奶粉

cochecito
名词 婴儿车

padre 名词 父亲

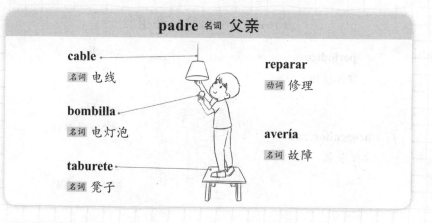

cable
名词 电线

bombilla
名词 电灯泡

taburete
名词 凳子

reparar
动词 修理

avería
名词 故障

madre 名词 母亲

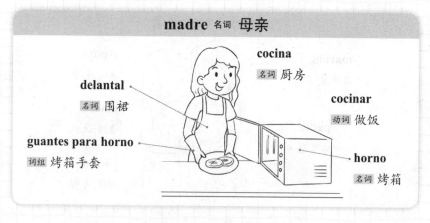

cocina
名词 厨房

cocinar
动词 做饭

delantal
名词 围裙

guantes para horno
词组 烤箱手套

horno
名词 烤箱

niño, ña 名词 孩子

juguete
名词 玩具

jugar
动词 玩

pelota
名词 皮球

tentetieso
名词 不倒翁

piezas de lego
词组 乐高积木

hijo 名词 儿子

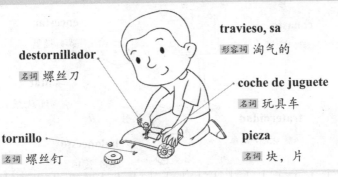

destornillador
名词 螺丝刀

tornillo
名词 螺丝钉

travieso, sa
形容词 淘气的

coche de juguete
名词 玩具车

pieza
名词 块，片

hija 名词 女儿

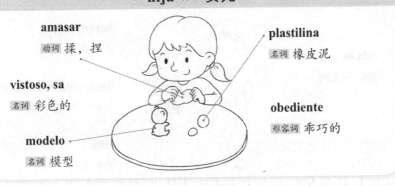

amasar
动词 揉，捏

vistoso, sa
名词 彩色的

modelo
名词 模型

plastilina
名词 橡皮泥

obediente
形容词 乖巧的

gemelo 名词 双胞胎

patineta
名词 滑板

similar
形容词 相似的

lunar
名词 痣

mochila
名词 书包

hermano 名词 兄弟

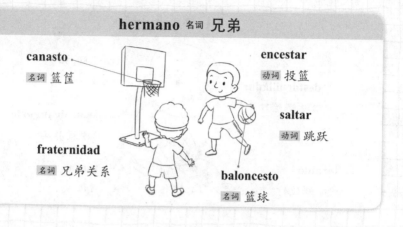

canasto
名词 篮筐

encestar
动词 投篮

saltar
动词 跳跃

fraternidad
名词 兄弟关系

baloncesto
名词 篮球

hermana 名词 姐妹

horquilla
名词 发卡

cola de caballo
词组 马尾辫

doble cola de caballo
名词 双马尾

vestido
名词 连衣裙

niña
名词 女孩

primo, ma 名词 堂兄弟姐妹；表兄弟姐妹

cometa
名词 风筝

íntimo, ma
形容词 亲密的

pariente, ta
名词 亲戚

excursión
名词 郊游

grafiti
名词 涂鸦

tío 名词 叔叔；伯伯；姑父；姨夫；舅舅

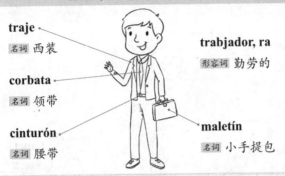

traje
名词 西装

corbata
名词 领带

cinturón
名词 腰带

trabjador, ra
形容词 勤劳的

maletín
名词 小手提包

tía 名词 阿姨；姑妈；伯母；舅妈

amable
形容词 和蔼可亲的

chupachup
名词 棒棒糖

chocolate
名词 巧克力

acariciar
动词 抚摸

pastel
名词 蛋糕

sobrino 名词 侄子；外甥

castillo
名词 城堡

arena
名词 沙子

playa
名词 海滩

chico
名词 男孩

inteligente
形容词 聪明的

sobrina 名词 侄女；外甥女

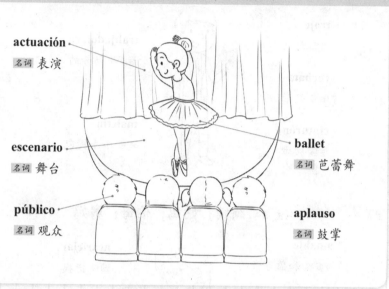

actuación
名词 表演

escenario
名词 舞台

público
名词 观众

ballet
名词 芭蕾舞

aplauso
名词 鼓掌

pariente 名词 亲戚

fiesta
名词 聚会

vino
名词 葡萄酒

pavo
名词 火鸡

pizza
名词 披萨

charlar
动词 聊天

23

时间与空间

jornada 名词 工作日

每周计划

星期一	星期二	星期三	星期四
组建策划销售团队 建立下推广销售网络	起草有效化推广代理商权及制定销售任务计划	组建生产团队确定人员分工进行资料的完善	调试设备设计核心

星期五	星期六	星期日	备注
总结工作	销售团队培训 生产技术外派培训	起草推广销售计划	向工厂下达生产计划

lunes
名词 星期一

martes
名词 星期二

miércoles
名词 星期三

jueves
名词 星期四

viernes
名词 星期五

reloj 名词 时钟

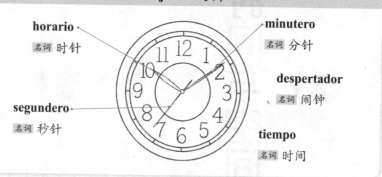

horario
名词 时针

minutero
名词 分针

despertador
名词 闹钟

segundero
名词 秒针

tiempo
名词 时间

estación 名词 季节

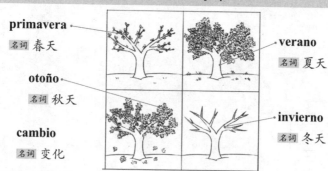

primavera
名词 春天

verano
名词 夏天

otoño
名词 秋天

invierno
名词 冬天

cambio
名词 变化

fin de semana 词组 周末

sábado
名词 星期六

domingo
名词 星期天

vacación
名词 假期

alegría
名词 快乐

disfrutar
动词 享受

mañana 名词 早晨

salida del sol
词组 日出

levantarse
动词 起床

estirarse
动词 伸懒腰

cama
名词 床

babucha
名词 拖鞋

mediodía 名词 中午

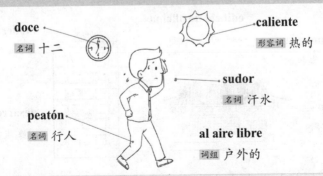

doce
名词 十二

peatón
名词 行人

caliente
形容词 热的

sudor
名词 汗水

al aire libre
词组 户外的

atardecer 名词 傍晚

árbol
名词 树

puesta del sol
词组 日落

pájaro
名词 小鸟

crepúsculo
名词 晚霞

casa
名词 房子

noche 名词 晚上

luna
名词 月亮

estrella
名词 星星

nube
名词 云

anochecer
动词 入夜

quieto, ta
形容词 安静的

historia 名词 历史

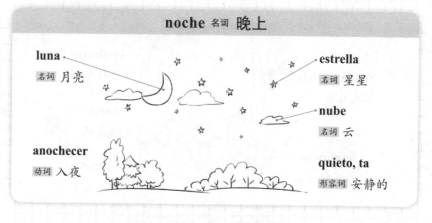

antiguo, gua
形容词 古代的

edificio de oficinas
词组 办公大楼

moderno, na
形容词 现代的

palacio
名词 宫殿

desarrollar
动词 发展

cuarto de baño 词组 浴室

alcachofa de ducha
词组 淋浴喷头

toalla
名词 毛巾

gel
名词 沐浴露

bañera
名词 浴缸

burbuja
名词 泡泡

estudio 名词 书房

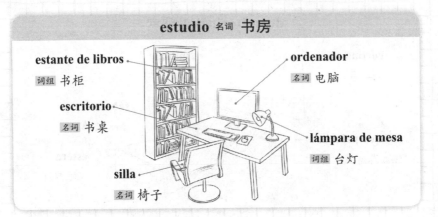

estante de libros
词组 书柜

escritorio
名词 书桌

silla
名词 椅子

ordenador
名词 电脑

lámpara de mesa
词组 台灯

sala 名词 客厅

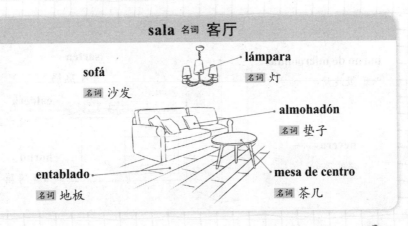

sofá
名词 沙发

lámpara
名词 灯

almohadón
名词 垫子

entablado
名词 地板

mesa de centro
名词 茶几

comedor 名词 餐厅

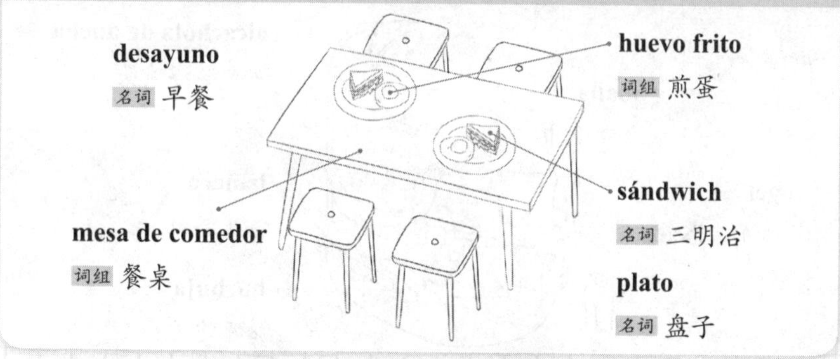
desayuno
名词 早餐
huevo frito
词组 煎蛋
sándwich
名词 三明治
mesa de comedor
词组 餐桌
plato
名词 盘子

dormitorio 名词 卧室

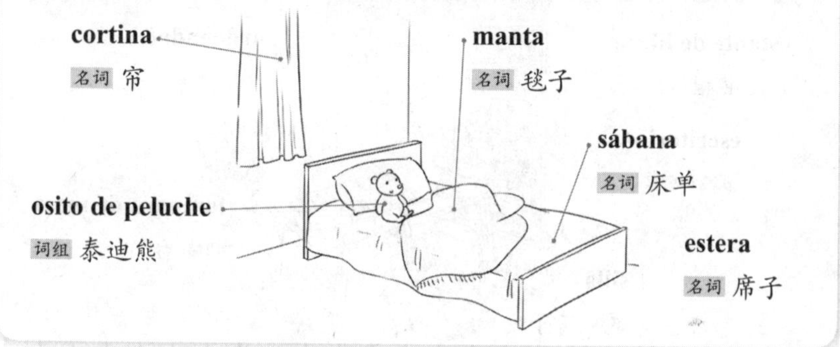
cortina
名词 帘
manta
名词 毯子
sábana
名词 床单
osito de peluche
词组 泰迪熊
estera
名词 席子

cocina 名词 厨房

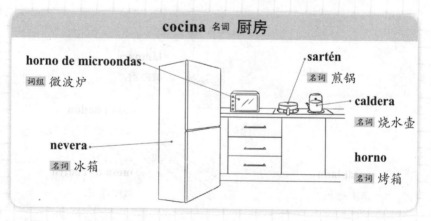

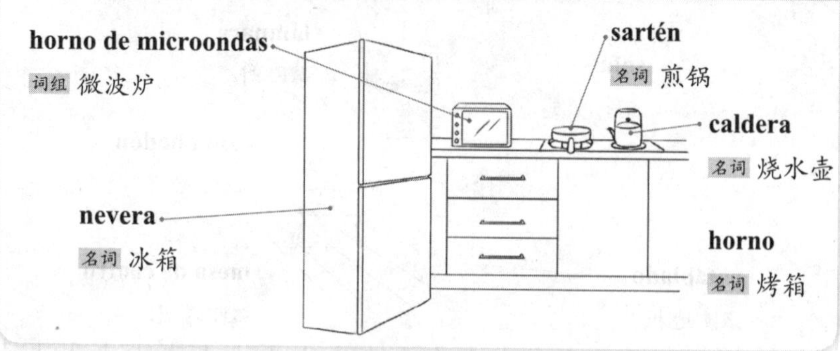
horno de microondas
词组 微波炉
sartén
名词 煎锅
caldera
名词 烧水壶
nevera
名词 冰箱
horno
名词 烤箱